U0915398

本书获得国家社会科学基金重点项目“深化政策性金融改革研究”（14AZD032）、中央高校双一流建设项目“开放金融系统性风险管理团队建设”（96176514）和“基于大数据的中国金融系统性风险管理”（96176619）、中央专项跨学科创新团队项目“后危机时代的宏观金融风险测度理论、方法及应用研究”的阶段性研究成果，并得到了教育部人文社会科学重点研究基地重大项目“全球金融体系变革下的跨国公司投资”（14JJD790030）、天津市社科规划项目“利率市场化背景下提高我国银行业竞争力与风险防范研究”(TJYY13-007）、南开大学百青团队“大数据下跨国金融风险管理”(63174029)、“天津市金融机构协同创新与风险防控”（BE026412）等项目的资助。

中国系统性金融风险：测度与宏观审慎监管

王道平　范小云　方　意◎著

Financial Systemic Risk of China:
Measuring and Macroprudential Regulations

图书在版编目（CIP）数据

中国系统性金融风险：测度与宏观审慎监管/王道平，范小云，方意著. —北京：经济管理出版社，2017. 11
ISBN 978-7-5096-5486-6

Ⅰ. ①中… Ⅱ. ①王… ②范… ③方… Ⅲ. ①金融风险防范—研究—中国
Ⅳ. ①F832.1

中国版本图书馆 CIP 数据核字（2017）第 274265 号

组稿编辑：宋　娜
责任编辑：宋　娜　张　昕
责任印制：黄章平
责任校对：赵天宇

出版发行：经济管理出版社
（北京市海淀区北蜂窝 8 号中雅大厦 A 座 11 层　100038）
网　　址：www. E-mp. com. cn
电　　话：（010）51915602
印　　刷：北京晨旭印刷厂
经　　销：新华书店
开　　本：720mm×1000mm/16
印　　张：14.25
字　　数：167 千字
版　　次：2017 年 11 月第 1 版　2017 年 11 月第 1 次印刷
书　　号：ISBN 978-7-5096-5486-6
定　　价：88.00 元

·版权所有　翻印必究·
凡购本社图书，如有印装错误，由本社读者服务部负责调换。
联系地址：北京阜外月坛北小街 2 号
电话：（010）68022974　　邮编：100836

目 录

【第一章】导 论

由美国房地产次级抵押债券市场危机引发的2007~2009年的全球金融海啸，因其破坏程度之深、影响范围之广、持续时间之长堪称百年一遇。直至今天，全球仍未完全摆脱这次金融海啸的后遗症——全球经济复苏依旧步履蹒跚。此次全球金融海啸，其破坏性之所以如此深广，究其原因主要有两个方面：一方面源于时间维度上金融体系自身系统性风险的周期性特征，以及金融监管的潜在亲周期机制缺陷放大了危机冲击，即所谓的时间维度上的宏观金融系统性风险问题；另一方面源于空间维度（或横截面维度）上金融机构风险的负向外部性，尤其是系统重要性金融机构之间的过度关联，使冲击在金融系统内，以及金融系统和实体经济之间传导，即横截面维度上的系统性金融风险问题（巴塞尔银行监督管理委员会（Basel Committee on Banking Supervision），2010；范小云等，2013）。

危机爆发后，全球金融理论界、实务界以及监管当局广泛认识到原有监管框架对于系统性金融风险监管的缺失，开始积极推进全球金融监管理念与监管框架的变革与改进。其中，最具有里程碑意义的变革是更加注重对系统性金融风险的宏观审慎监管。宏观审慎监管原则吸取了这次国际金融危机的深刻教训，旨在减少系统性金融风险，其主要包括时间和横截面两个维度，一方面，在时间维度上进行逆周期监管，以减轻金融体系以及金融监管体制导致的顺周期放大机制；另一方面，在空间维度（或横截面维度）上，解决金融机构倒闭的风险外溢性或负向外部效应问题，尤其是加强对系统重要性金融机构监管，以减少“大而不倒”和“联系太紧而不倒”的金融机构对金融系统造成的灾难性破坏问题。危机后在全球金融监管框架上，为了解决巴塞尔协议Ⅱ（以下简称“巴塞尔Ⅱ”）在微观审慎监管上的缺陷以及在宏观审慎监管上相对空缺的问题，二十国集团和巴塞尔委员会为构建更富有弹性的银行和银行体系，促成了新的全球监管框架——巴塞尔协议Ⅲ（以下简称“巴塞尔Ⅲ”）在 2010 年底终于诞生（BCBS，2010a；BCBS，2010b；BCBS，2010c）。巴塞尔Ⅲ作为全球金融监管改革的新里程碑，相对于巴塞尔Ⅱ，不但在其监管理论基础上取得了突破——除了关注金融机构的个体风险还强调系统性风险，而且在具体监管框架设计上取得了巨大成就——将微观审慎与宏观审慎监管有机地结合起来，如一方面从资本要求的质量一致性、透明度、风险覆盖、杠杆率要求、流动性要求等方面进一步加强微观审慎监管，要求提高资本质量、一致性和透明度，加大风险覆盖，引入杠杆率要求，并建立全球流动性标准；另一方面加强时间维度与空间维度（或横截面维度）的宏观审慎监管，即在时间维度上加强逆周期监管，在空间维度上强调对系统重要性机构风险与相互关联性的监管。

当然，要加强对系统性金融风险的时间维度与空间维度（或横截面维度）的宏观审慎监管，首先需要解决的问题是，在时间维度上，如何准确估测系统性金融风险随时间的累积；在横截面维度上，通过何种方法科学测度系统性金融风险传染、单个金融机构的边际风险贡献，以及甄别单个金融机构的系统重要性。因此，对系统性金融风险的科学测度是系统性金融宏观审慎监管的前提与重中之重。

近年来，如何科学测度系统性金融风险方兴未艾，涌现了大量关于系统性风险测度理论、方法及其运用的研究文献。关于系统性金融风险测度方法的分类，可以从不同角度进行归类，若按照宏观审慎监管的两大关注维度划分，现有研究主要可以分为以下两大类：一是从考察系统性金融风险在时间维度上的动态变化，力求能准确衡量当前系统性金融风险的大小，并对未来做出合理预估，为逆周期宏观审慎监管以及危机的救助提供支持。代表性的研究主要有：De Nicolo 和 Kwast（2002）利用所有银行之间的双边相关性的均值来衡量银行部门的系统性风险，其研究表明系统性风险随着相关性增加而增大。此外，Lehar（2005）等也利用相关性衡量系统性风险。利用相关性作为系统性风险的度量指标的优点在于比较容易构建和理解，缺陷在于只能度量金融机构的线性关联，而系统性风险往往表现为非线性尾部关联（De Vries，2005）。Gray 等（2008）通过或有权益分析法来分析宏观金融风险，指出政府的隐性担保是联系政府、银行和企业之间宏观风险传染的纽带，从而构成整个金融机构的系统性风险。Segoviano 和 Goodhart（2009）则通过考察银行系统内单个银行之间的困境依赖性定义了一套银行稳定性的度量指标，从而提供了一套分析银行稳定性的工具。这些度量指标主要包括系统中银行的共同困境、单个银行之间的困境和单个银行（违约）导致的系统困境。二是从横截面维度上考察系统性金融风险的传染、单个金融机构的边际风险贡献，以及金融机构的相对系统重要性。这类方法多由原来用于衡量单个金融机构持有的不同资产组合对该金融机构风险贡献的方法发展而来。此类方法一般将金融系统看作一个由单个金融机构构成的“资产组合”，并利用银行资产收益的尾部统计性质来构建系统重要性指标（Hartmann et al.，2005；Huang et al.，2009）。代表性研究主要有：de Jonge（2009）提出以单个金融机构的尾部贝塔，即银行指数暴跌时，银行股票价格急剧下跌的概率，来度量单个金融机构的系统重要性。Acharya 等（2010）把金融机构用于对其资产进行风险管理的期望损失方法拓展到衡量整个金融部门的系统性风险，提出了系统性期望损失概念，并建议用系统性期望损失来测度单个金融机构对系统性风险的贡献。系统性期望损失为整个金融系统出现资本不足的条件下单个金融机构出现资本不足的期望值，它可以由边际期望损失和杠杆率来预测。基于 Acharya 等（2010）的研究，Brownlees 等（2011）利用 DCC-GARCH 与非参数尾部估计来测算边际期望损失，从而动态地考察单个金融机构对系统性风险的贡献。Adrian 和 Brunnermeier（2010）则基于风险价值（VaR）提出了条件风险价值（CoVaR）概念，即单个金融机构出现危机时整个金融系统的风险价值，并以此来度量单个金融机构的风险外溢程度及其系统重要性。但是，现有许多研究的不足在于要么仅从时间维度研究整个金融体系随时间累积的系统性风险，要么仅从横截面维度研究单个金融机构的风险外溢及其系统重要性，很少有文献同时从两个维度对其进行研究。事实上，时间维度和横截面维度作为系统性风险的两个维度，是一个有机的整体，对两个维度的同等重视是实施有效金融监管强有力的保障。因此，能同时考察系统性金融风险时间与空间（或横截面）二维特征的方法最被广为推崇（Drehmann and Tarashev，2011；范小云等，2013）。

由于系统性金融风险的测度最终离不开实际数据，并最终得以落脚于各类数据，近年来随着统计条件的改善，以及大数据技术与计算机处理能力得到长足发展，对于系统性金融风险的测度与管理越来越重视数据源包含的信息质量、信息广度和信息时效性。因此，我们也可以根据各种方法采用的数据源，将系统性金融风险测度方法分为两大类：一是基于单一数据源的系统性金融风险测度与管理方法；二是基于多源数据源的系统性金融风险测度与管理方法。其中，基于单一数据源的系统性金融风险测度与管理方法主要包括：①基于资产负债表数据的研究，如 Sheldon 和 Maurer（1998）、Furfine（2003）、Wells（2004）、Upper 和 Worms（2004）、马君潞等（2007）、Mistrulli（2011）、贾彦东（2011）、范小云、王道平和刘澜飚（2012）、高国华和潘英丽（2012）、王明亮等（2013）、隋聪等（2014）、欧阳红兵和刘晓东（2015）、方意（2016）、廉永辉（2016）等基于资产负债数据运用网络分析法分析了瑞士、美国、英国、德国、奥地利、中国、意大利等国家的银行系统风险。②基于支付系统数据的研究，如 Bedford 等（2004）首先运用仿真模拟技术研究了不同流动性水平下，不同程度操作风险的系统影响，Bech 和 Soramaki（2008）、Afonso 等对美国 Fedwire 系统、Mc-Vanel（2005）与 Ball 和 Engert（2007）对加拿大 LVPS 系统、Ledrut（2007）对荷兰 TOP 系统、Mazars 和 Woelfl（2005）对法国 PNS 系统、Hellqvis 和 Snellman（2007）对芬兰大额支付系统、Glaser 和 Haene（2009）对瑞士 SIC 系统、Lubloy（2008）对匈牙利 VIBER 系统等陆续展开了类似的研究，国内学者黄聪等（2010）与贾彦东（2011）利用我国银行间支付结算数据、童牧和何奕（2012）基于我国大额支付系统数据对我国系统性金融风险进行的研究。③基于市场数据的研究，如 Adrian 和 Brunnermeier（2009）、Duffie 等（2009）、Huang 等（2009）、Acharya 等（2010）、Zhou（2010）、Drehmann 和 Tarashev（2011）、Billio 等（2012）等的研究，以及国内学者高国华和潘英丽（2011）、李志辉和樊莉（2011）、肖璞（2012）、白雪梅和石大龙（2014）、陈守东和王妍（2014）、陈建青等（2015）等基于 CoVaR 及其相关改进方法的研究，范小云、王道平和方意（2011）、赵进文和韦文彬（2012）、赵进文等（2013）、彭建刚等（2014）等基于系统性期望损失（SES）和边际期望损失（MES）方法及其相关改进方法的研究，刘红忠等（2011）、陈棵等（2012）、高国华和潘英丽（2013）、梁琪等（2013）、郑振龙等（2014）、谢远涛等（2014）、文凤华等（2015）、荆中博等（2016）等通过考察金融机构股价的相关性来研究系统性金融风险或系统性传染风险。此外，基于多源数据源的系统性风险管理的研究，目前较为成熟与被广泛运用的是结合市场数据与银行资产负债表数据的系统性风险管理方法，其中具有代表性的方法是利用 Black-Scholes 期权定价方法测度银行系统性风险的或有权益分析方法（CCA），以及在 CCA 方法基础上发展起来的一系列方法，国内外代表性的应用研究主要有 Gray 等（2008）、Jobst 和 Gray（2013）、范小云等（2013）、苟文均等（2016）、李志辉等（2016）、唐文进和苏帆（2017）等。

事实上，需要注意的是，现有关于系统性风险测度与管理的方法，不管是侧重时间维度的系统性金融风险测度与管理方法，还是侧重空间（或横截面）维度的系统性金融风险测度与管理方法，不管是运用单一数据源还是多源数据源的方法，通常仅运用了部分信息考察某一方面或某几方面的系统性金融风险特征。而在系统性金融风险监管实践中，对于系统性金融风险的测度与审慎管理应该是一个系统工程，需要结合尽可能多的科学方法，运用尽可能多方面的信息（不但需要包括结构性数据信息，而且需要充分挖掘非结构化数据信息），对我国系统性金融风险进行多维度地综合测度与宏观审慎监管，从而可以尽可能全面地、多视角地、更为准确地把握我国系统性金融风险状况，守住不发生系统性金融风险的底线。值得庆幸的是，近年来大数据和人工智能等技术迅猛发展，这些技术的发展与运用，必将为我国新时代的系统性金融风险测度与管理技术带来巨大的新机遇与新变革。

本书旨在回顾、总结自 2007~2009 年全球金融海啸以来全球金融风险监管思潮、理念与框架的改进，以及这种改进对系统性金融风险测度与审慎管理的影响，并运用前沿的测度方法，再结合我国金融业的数据情况及特征，对我国系统性金融风险进行了多维度的测度，以期为我国系统性金融风险的宏观审慎管理提供参考。本书第二章至第八章结构安排如下：第二章阐述了次贷危机后全球金融监管改革，以及巴塞尔Ⅲ兼顾微观审慎监管与宏观审慎监管的理论基础，推动巴塞尔Ⅲ改革的具体原因，巴塞尔Ⅲ在具体框架上进行了哪些微观审慎和宏观审慎监管改进，以及巴塞尔Ⅲ对中国金融监管改革的影响。第三章阐述了宏观审慎监管思潮对系统性金融风险测度理论与方法的影响，并对在宏观审慎监管的时间与空间（或横截面）两个维度中，实施宏观审慎管理的前提——系统性金融风险的度量理论与方法进行了梳理总结和述评。第四章先对基于资产负债关联数据的系统性金融风险测度方法进行了评述，随后通过一个简单的网络模型论证了关联程度对于系统性风险及系统重要性的影响，并基于我国银行间网络关联数据模拟分析了我国哪些银行可能成为系统性危机的诱发因素及其系统损失，以判断我国哪些银行具有系统重要性，最后采用计量分析研究了影响我国银行系统重要性的因素。第五章先对基于市场数据的系统性金融风险测度方法进行了述评，然后介绍了如何运用 MES 与 SES 方法测度我国系统性金融风险以及金融机构的边际风险贡献度，并考察了我国金融机构边际风险贡献的动态特征。第六章先对基于多源数据源的系统性金融风险测度方法进行了述评，然后主要介绍了一种已相对成熟的市场数据与银行资产负债表数据相结合的系统性风险或有权益分析（CCA）方法，最后论述了如何基于该方法，对我国系统性金融风险进行测度与宏观审慎监管。第七章主要基于国际经验探讨了近年来我国推进的金融市场化改革（尤其是利率市场化改革）以及存款保险制度建设、加强金融监管等可能对银行风险承担和系统性银行危机产生的潜在影响。第八章为关于中国系统性金融风险的监管策略的几点思考与建议。

当然，正如前文所述，自 2007~2009 年的全球金融海啸之后，国内外学术界兴起了关于系统性风险测度及其宏观审慎管理研究的热潮，且至今方兴未艾。关于系统性金融风险的测度与审慎管理的方法很多，书中无法一一举例。本书也仅是基于笔者在过去几年中对中国系统性风险测度与宏观审慎监管方面的思考所形成的系列研究成果的一部分。为在全面建成小康社会决胜阶段、中国特色社会主义进入新时代的关键时期，进一步健全我国金融监管体系，守住不发生系统性金融风险的底线，笔者愿与志同道合的国内外同仁继续努力，共同为中国的系统性金融风险监管与防范研究做出自己的贡献。

【第二章】

巴塞尔Ⅲ在金融风险监管理论与框架上的改进[①]

每次重大的金融危机常会促使学术界及全球金融监管当局对金融监管理论和实践进行反思。金融危机往往能很好地检验金融监管理论是否合理、金融监管实践是否科学，同时也推动了全球金融监管理论和监管实践不断向前演进。正如20世纪七八十年代发达国家银行倒闭事件，促使人们对境外银行监管进行反思，进而促成了十国集团建立巴塞尔银行监管委员会，并最终达成巴塞尔资本协议。2007~2009年爆发的百年一遇的全球金融海啸，使国际社会再次认真反思原有金融监管理论的缺陷，再度审视现行国际金融监管体系和修订后的《巴塞尔新资本协议》（即巴塞尔Ⅱ）的不足。尽管巴塞尔Ⅱ在全球金融监管上取得了一定的进步，但随着本次金融危机的爆发，其在金融监管理论和具体框架设计上存在的诸多不足与缺陷日益显露。在监

① 本章主体部分已发表于《国际金融研究》2012年第1期，原题为《巴塞尔Ⅲ在监管理论与框架上的改进——微观与宏观审慎有机结合》。

管理论方面，巴塞尔Ⅱ基于传统的金融监管理论对系统性风险认识不足，认为只要确保了单个金融机构安全稳健、风险较低，便能确保整个金融系统稳定、系统性风险较小，从而能防止系统性危机的发生（Lehar，2005；Brunnermeier et al.，2009；李文泓，2009）。而在具体监管框架设计上，巴塞尔Ⅱ主要关注微观审慎监管（事实上即使在微观审慎监管方面也暴露了许多不足），而忽视了与宏观审慎监管的有机结合，忽视了对流动性风险的重视。这次危机爆发后，监管当局和学者们广泛认识到原有金融监管理论和框架在微观和宏观层面的诸多不足（Blum，2008；Barth et al.，2008；周小川，2009），以及微观审慎监管和宏观审慎监管相结合的重要性（Bernanke，2009；Acharya，2009；Borio，2010；李文泓，2009；李妍，2009；王兆星，2010；巴曙松等，2010；王力伟，2010；周小川，2011）。

为了弥补巴塞尔Ⅱ在微观审慎监管上的缺陷以及填补其在宏观审慎监管上的相对空缺，二十国集团和巴塞尔委员会为构建更富有弹性的银行和银行体系，积极推进全球金融监管的改革，促成了新的全球监管框架——巴塞尔Ⅲ在2010年底终于诞生（BCBS，2010a；BCBS，2010b；BCBS，2010c）。巴塞尔Ⅲ作为全球金融监管改革的新里程碑，不但在其监管理论基础上取得了突破——除了关注金融机构的个体风险还强调系统性风险，而且在具体监管框架设计上取得了巨大成就——将微观审慎与宏观审慎监管有机结合起来，但巴塞尔Ⅲ仍面临着许多挑战。

随着我国经济的发展，金融市场的壮大及其在经济建设中的重要性日益提升，保证金融体系安全日益重要。因此，理解孕育巴塞尔Ⅲ的金融监管理论基础，明晰推动巴塞尔Ⅲ具体框架改革的原因，以及巴塞尔Ⅲ是如何将微观审慎监管和宏观审慎监管有机结合起来的，并取得了哪些重大进步，以及可能对中国银行业有哪些潜在影响，对于我国的金融监管改革和金融安全具有重大的理论和现实意义。本章结构安排如下：第一部分阐述本次全球金融监管改革以及巴塞尔Ⅲ兼顾微观审慎监管与宏观审慎监管的理论基础；第二部分和第三部分将依次讨论推动巴塞尔Ⅲ改革的具体原因，以及在具体框架上进行了哪些微观审慎和宏观审慎监管改进；第四部分讨论巴塞尔Ⅲ可能给中国银行业带来的影响以及对中国金融改革的一点建议。

第一节 全球金融监管改革和巴塞尔Ⅲ的理论基础

在2007~2009年的金融危机爆发前，传统的金融监管理论认为，只要确保了单个金融机构安全稳健、风险较低，便能确保整个金融系统稳定、系统性风险较小，从而能防止系统性危机的发生（Lehar，2005；Brunnermeier et al.，2009；李文泓，2009）。于是，基于传统理论的全球金融监管框架——巴塞尔Ⅰ和巴塞尔Ⅱ，在监管上主要专注于单个金融机构的安全与风险管理，而忽视了对整个金融系统风险的关注。而这次全球金融危机的爆发表明，金融系统的总体风险（即系统性风险）并不等于单个金融机构风险的简单加总（Adrian and Brunnermeier，2009），单个金融机构健康并不意味着整个金融系统势必安全（Borio，2003；周小川，2011）。其原因主要有以下几个方面：

（1）个体行为与系统安全的冲突。个体的最优选择对整体来说可能并非是理性的，这在金融市场中一个很好的例证是个体的最优行为可能会导致整个金融系统的不稳定。Diamond 和 Dybvig（1983）的开创性论文，描述了银行的不利信息可能会导致存款人恐慌，而每个存款人的个体理性行为——试图在其他存款人之前取出自己的存款，会造成挤兑，导致健康银行的倒闭。由于各国基本都已经建立起了比较健全的存款保险制度，这种因存款人挤兑导致银行倒闭风暴和诱发系统性危机的可能性已很小，但在这次危机中也不乏其例，如 2007 年，诺森罗克银行（Northern Rock）因按揭风暴成为近百年来英国第一家被挤兑的银行。这次危机中另一个个体行为与系统安全冲突的例证为"资产减价销售"（Asset Fire-sales），Diamond 和 Rajan（2010）、Acharya 等（2010a）对此做了很好的阐述。在这次危机中，个体竞相减价销售导致了资产价格下降、融资流动性（Funding Liquidity）枯竭和信贷紧缩（Credit Freeze）。许多原本流动性充足的金融机构，如高盛、雷曼兄弟因市场参与者的减价销售变得流动性匮乏、甚至倒闭，最终加剧了这次危机。

（2）金融风险的外部性。金融机构的风险具有明显的外部性特征，即单个金融机构发生危机，不但会造成自身的损失，而且会给别的参与者带来损失，导致其他市场参与者以及整个金融系统的风险增加。金融机构风险的外部性主要源于三个方面：一是"大而不倒"（Too Big to Fail）的金融机构导致的外部性，因为这些金融机构太大，其倒闭将会导致其他许多金融机构破产，引致系统性危机；二是"联系太紧而不倒"（Too Connected to Fail）的金融机构导致的外部性，有些金融机构可能尽管规模不是最大的，但由于其处于金融系统的网络中心，与其他金融机构联系过于紧密，因而也不能破产，否则会导致危机传染到其他金融机构，引发系统性危机（Allen et al.，2010）；三是其他银行与破产银行持有相关联的投资而导致的负外部性（Acharya，2009）。由于金融的外部性特征，一旦某一金融机构发生危机，常会导致其他金融机构也面临损失，从而使金融风险极具传染性。

（3）信息不对称（Asymmetric Information）。随着现代金融创新工具的日新月异，资产证券化衍生产品、场外衍生工具等复杂金融产品涌现，而这些产品的透明度往往不高、信息披露不足，导致购买者对这些产品风险状况的相关信息了解得越来越少，金融机构管理层对表外风险管理力度不断减弱，金融监管当局对此也鞭长莫及，最终使整个系统内隐匿的风险不断积聚。

（4）道德风险。通过这次危机，在道德风险方面主要反映出两个问题：一是“大而不倒”的金融机构产生的道德风险。由于“大而不倒”的机构往往是具有系统重要性的金融机构，因其倒闭将诱发整个系统的危机，一旦其面临危机各国当局绝对不会对其撒手不管，于是这些机构往往有冒险的冲动，敢于从事高风险、高收益的投资活动。二是因委托代理关系产生的道德风险。由于现代金融机构主要实行公司制，作为代理人的管理层多有追求高风险、高收益和为自己发放高额工资、奖金的冲动，这种行为会增加公司的潜在风险和减少能吸收损失的权益。

（5）顺周期性（Procyclicality）问题。所谓顺周期性，指金融系统内部以及金融系统与实体经济之间的能够导致金融不稳定的放大（正反馈）机制（Borio and Drehmann，2009）。顺周期性问题包括金融系统本身具有的顺周期性、监管的顺周期性，以及评级的顺周期性。金融系统本身的顺周期性主要源于“金融加速器”和金融市场参与者对风险变化的不适当反应（Borio et al.，2001）。作为危机前全球金融监管框架的巴塞尔Ⅱ的顺周期性主要源于其内部评级法所使用的各种风险因素与经济周期变化的高度相关性（李文泓，2009），以及采用标准法时评级机构对金融机构的外部信用评级的顺周期性。而评级的顺周期性在于抵押品的价值与经济周期密切相关（Borio et al.，2001）。

顺周期性之所以会导致系统风险大于静态的个体风险加总，主要原因在于顺周期性将加大市场的波动和风险。

（6）监管套利（Regulatory Arbitrage）。资产证券化和其他金融创新为银行提供了“监管资本套利”的机会，这虽然能够减少它们的监管资本，但却很少或没有减少它们的总体经济风险（Shah，1997；Jones，2000），使单个银行的风险看似较小，但整个金融系统的风险却很大。

鉴于这次危机中暴露的诸多问题和上述认识，各国监管当局和学者们广泛意识到，不仅应在巴塞尔Ⅱ的基础上加强对单个银行的风险监管，而且应该更加重视对系统性风险的监管，这最终促成了在最新的全球金融监管改革成果——巴塞尔Ⅲ框架中，更加注重微观审慎监管与宏观审慎监管的有机结合。之所以在巴塞尔Ⅲ中注重二者的结合，是与二者的特征分不开的。微观审慎监管防范的是单个金融机构的风险，并不考虑单个金融机构风险对整体经济的影响，在控制标准设定上，微观审慎监管的方法是自下而上的，它设定与单个机构风险相关的审慎控制标准，整个系统纯粹是作为加总的结果，个体之间的相关性常被忽略。与之对应的宏观审慎监管，是为了防范金融系统范围的风险，避免整个经济体的实际产出显著减少，在审慎控制标准的设定上，宏观审慎监管是自上而下的，单个机构之间的相关性、系统性风险与个体风险之间的区别被认为是很重要的（Crockett，2000；Borio，2003），如表 2-1 所示，对宏观审监管与微观审慎监管进行了简要比较。

表 2-1　宏观审慎监管与微观审慎监管的比较

	宏观审慎监管	微观审慎监管
直接目标	防范金融系统范围的风险	防范单个金融机构的风险
最终目标	避免产出（GDP）损失	保护消费者（投资者/储蓄者）

续表

	宏观审慎监管	微观审慎监管
模型关于风险的描述	（部分）内生	外生
机构间的相关性与共同风险暴露的关系	重要	不相关
关于审慎控制标准的设定	从整个金融系统范围内风险的角度，自上而下	从单个金融机构风险的角度，自下而上

资料来源：Borio，2003。

第二节 加强微观审慎监管

本书在上一部分论述了这次全球金融监管变革，以及巴塞尔Ⅲ对加强微观审慎监管与宏观审慎监管相结合更加重视的理论基础。本节和第三节将详述 2010 年 12 月通过的巴塞尔Ⅲ在监管框架上进行了哪些具体的微观审慎和宏观审慎监管改进，以及推动这些改革的原因。由于微观审慎监管旨在保护储蓄者，限制单个金融机构倒闭的概率，这意味着微观审慎监管主要是限制单一金融机构的“特质风险”（Idiosyncratic Risk）（Crockett，2000）。巴塞尔Ⅲ为进一步加强微观审慎监管，主要从资本要求的质量和一致性以及透明度、风险覆盖范围、杠杆率要求、流动性要求等方面进行了改进。

一、提高资本质量、一致性和透明度

自 1988 年《巴塞尔资本协议》规定了 8%的最低资本充足率要求以来，资本充足率便成为全球银行监管的核心，巴塞尔Ⅱ

在巴塞尔Ⅰ的基础上对资本充足率的计算提出了更严格的标准，但是2007年爆发的全球金融危机表明，巴塞尔Ⅱ在资本充足率标准方面仍存在许多缺陷。在这次金融危机中，出现危机的银行大多满足《巴塞尔新资本协议》的资本充足率要求，甚至远高于巴塞尔Ⅱ的资本金要求。例如，美国最大的抵押贷款银行华盛顿互惠银行（Washington Mutual）、英国的诺森罗克银行（Northern Rock）、德国的巴伐利亚州银行（Bayerische Landes-bank）以及冰岛最大的银行考普森农业银行（Kaupthing Bunadarbanki hf），在危机前夕的2007年底其资本充足率均高达12%左右，其中仅一级资本充足率也都接近8%（见表2-2），却仍未能避免危机的发生，这使人们不得不反思巴塞尔Ⅱ关于资本充足率监管的有效性。

表2-2 次贷危机中出现危机的主要银行在2007年底的资本状况

单位：%

银行名称	美国 华盛顿互惠银行	英国 诺森罗克银行	德国 巴伐利亚州银行	冰岛 考普森农业银行
资本充足率	12.3	14.4	12	11.8
一级资本充足率	7.9	7.7	6	9.6
权益/总资产	8.69	2.47	3.1	6.67

资料来源：Bankscope。

作为《巴塞尔新资本协议》三大支柱之一的资本充足率之所以出现监管的有效性问题，一个重要原因在于巴塞尔Ⅱ在资本金定义和质量方面存在以下严重的缺陷：①虽然《巴塞尔新资本协议》对一级资本提出了严格的标准，但忽视了对普通股的关注。这就使得在巴塞尔Ⅱ的资本金定义下，银行可以通过金融工具创新报告一个较高的一级资本，但普通股（普通股才被广泛认为是持续经营条件下吸收损失的最佳工具）占比却很低，从而导致资本质量低，吸收损失和抵御风险的能力差，这可能是这次危机中许多银行尽管拥有较高的资本充足率，但却最终还是发生了危机的重要原因之一。②缺乏统一的资本金定义和调整的全球标准。巴塞尔成员国关于资本金的定义及调整的法律规定差别很大，使得全球资本监管缺乏一致性，导致了不公平竞争。③缺乏透明度。银行的监管资本披露不足，导致难以对银行的资本质量进行全面评估以及对银行之间进行比较，不能及时发现潜在的风险（BCBS，2009）。

为此，巴塞尔Ⅲ关于资本金的规定在以下三个方面作了改进：①资本金的新定义更加关注普通股。巴塞尔Ⅲ规定一级资本的主要形式必须是普通股和留存收益，任何时候普通股一级资本必须不低于风险加权资产的4.5%，任何时候一级资本必须不低于风险加权资产的6%（见表2-3），此外对二级资本工具进行了简化与统一，并废除了三级资本工具。②规定资本金的监管调整主要适用于普通股一级资本的计算，而商誉、其他无形资产、递延税资产等在计算普通股一级资本时必须剔除。③更严格的披露要求。银行不但要披露资本比率和监管资本的成分，而且应该解释这些比率是如何计算的，同时要求所有的监管资本成分都应该在资产负债表中体现，以保证市场参与者和监管当局能够对银行的资本充足率进行跨国比较（BCBS，2010a）。

表2-3　巴塞尔Ⅲ和巴塞尔Ⅱ的最低资本要求比较

单位：%

	普通股最低要求	一级资本最低要求	总资本最低要求
巴塞尔Ⅱ	2	4	8
巴塞尔Ⅲ	4.5	6	8

资料来源：BCBS，2004；BCBS，2006；BCBS，2010a。

二、加大风险覆盖范围

此次危机中，国际上许多活跃的银行的损失主要源于资产证券化衍生产品、交易账户，以及场外衍生工具和回购协议的交易对手信用风险，而在巴塞尔Ⅱ资本框架的风险覆盖范围内未能很好地捕捉到这些银行资产负债表表内、表外风险，以及与衍生品相关的风险敞口，这是导致过去几年全球金融不稳定的主要因素（BCBS，2009；BCBS，2010a；Hannoun，2010）。

近年来，随着国际金融市场的发展，尤其是金融创新工具的日新月异，各国银行面临日益增强的国内和国际竞争压力，竞相发展表外业务，如金融衍生品。以美国银行业为例，美国银行业持有的衍生品总值远远超过总资产，并且衍生品持有总值与总资产的比值不断上升（见表 2-4）。此外，许多银行利用巴塞尔Ⅱ对交易账户和银行账户之间的监管差异，将一些高风险的资产从资本要求较高的银行账户转移至资本要求较低的交易账户，进行两个账户间的监管套利。如表 2-5 所示，发达国家主要银行的交易性资产规模远远超过总资产。另外，在这次危机期间，因信用估值调整（Credit Valuation Adjustment，CVA）风险——交易对手信用下降导致的盯市损失，占交易对手信用风险导致损失的 2/3，实际违约导致的损失仅占 1/3（Hannoun，

表 2-4　美国银行业总资产与衍生品持有总值比较

时间（季度）	2004Q4	2005Q4	2006Q4	2007Q4	2008Q4	2009Q4
总资产（万亿美元）	10.1	10.9	11.9	12.7	13.8	13.1
衍生品持有总值（万美元）	88.3	101.9	132.2	173.4	201.1	213.6
衍生品持有总值/总资产	8.7	9.3	11.1	13.6	14.5	16.3

资料来源：The FDIC Quarterly Banking Profile。

表 2–5　主要银行交易性资产与总资产比较

银行	美国银行	花旗银行	德意志银行	汇丰银行	巴克莱银行
2009 年交易性资产/总资产	8	18	16	18	14
2006 年交易性资产/总资产	10	21	32	18	29

资料来源：Hannoun，2010。

2010），但巴塞尔Ⅱ仅覆盖了交易对手违约风险，并没有直接解决这类 CVA 风险（BCBS，2010a）。

鉴于巴塞尔Ⅱ资本框架的上述缺陷，巴塞尔Ⅲ进行了一系列的改革，扩大了风险覆盖范围，提高了对交易账户和复杂资产证券化敞口的资本金要求。此外，巴塞尔Ⅲ还加大了对回购和证券融资等活动中产生的交易对手信用风险敞口的资本金要求，提高了对交易对手信用风险管理的标准。为此，巴塞尔Ⅲ做出以下要求：①银行在计算交易对手信用风险资本要求时必须使用压力状态下的数据；②当交易对手信用状况恶化时，对银行提出潜在的盯市损失（即信用估值调整风险）资本要求；③强化抵押品管理和初始保证金标准，如果银行对某一交易对手的衍生品敞口额度很大且流动性低，则应当采用更长的保证金期间计算监管资本金要求；④提高交易对手信用风险管理标准，包括对错边风险[①]（Wrong-way Risk）处理等（BCBS，2010a）。

三、引入杠杆率要求

本次危机的基本特征之一是银行体系的表内外杠杆率过度积累（BCBS，2009；BCBS，2010a）。高杠杆率是导致银行和银

① 如果银行未来对某一特定交易对手的风险暴露，与该交易对手破产的概率高度相关，那么该银行面临特定的错边风险（BCBS，2010a）。

行系统脆弱的一个关键性因素，是这次金融危机的主要诱因之一，其不仅放大了危机对银行体系的冲击，而且危机后不可避免的去杠杆化作用给银行系统带来了巨大的压力（Hildebrand，2008；Hoening，2010）。

尽管杠杆率监管历史悠久，但随着巴塞尔Ⅰ的颁布，杠杆率监管逐渐被资本充足率标准所取代。由于巴塞尔Ⅱ也忽视了对银行以及银行体系杠杆率的关注，在巴塞尔Ⅱ框架下，许多银行公布的基于风险的一级资本比率尽管较高，但是表内外的杠杆率水平也很高，从而积累了过度的风险（BCBS，2010d）。以美国银行部门为例（见图 2-1），巴塞尔Ⅱ颁布后，尽管美国银行部门的核心资本充足率总体上基本满足 8%的要求，但是总体杠杆率较高，尤其是扣除商誉和其他无形资产后的有形资产比有形权益杠杆率更高。此外，图 2-1 也反映了在巴塞尔Ⅱ框架下，杠杆化作用加大了银行部门的脆弱性，危机前杠杆率的不断上升导致银行部门风险不断积聚，而危机发生后又迫使银

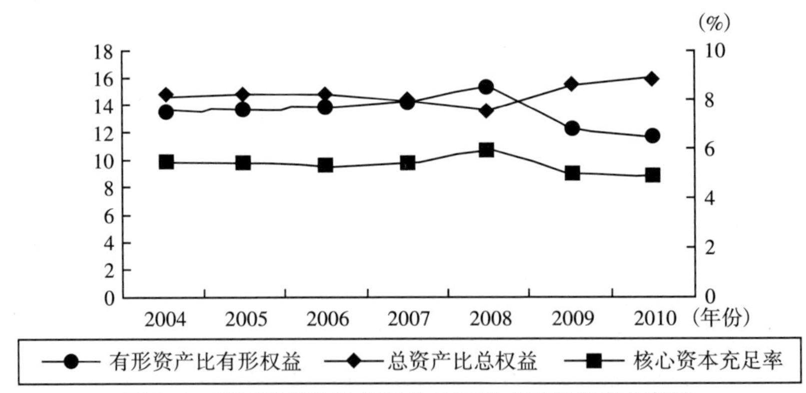

图 2-1 美国联邦存款保险公司担保金融机构总杠杆率

注：有形资产比有形权益和总资产比总权益的刻度为左纵轴①，核心资本充足率的刻度为右纵轴。

资料来源：The FDIC Quarterly Banking Profile。

① 有形资产比有形权益 =（总资产 - 商誉及其他无形资产）/（总权益 - 商誉及其他无形资产）。

行降低杠杆率从而提高资本充足率，进行去杠杆化（Deleverage），进而增加了资产价格下降的压力，银行资产状况更加恶化，银行部门的信贷供给能力加速收缩，即去杠杆化作用加剧了“亏损—银行资本金下降—缩减信贷”的恶性循环。

为了控制银行部门杠杆率的过度积累，避免不稳定的去杠杆化过程以及去杠杆化对整个金融系统和经济体系造成危害，巴塞尔委员会达成一致意见，引入一个简单、透明、无风险基础的杠杆率（Non-risk Based Leverage Ratio），并基于适当的评估和校准将其纳入一级资本，作为风险资本要求的可靠补充（BCBS，2009；BCBS，2010a）。并且，巴塞尔Ⅲ要求在计算杠杆率时，风险敞口的测算应该包括表内项目（如证券融资交易和衍生品），以及表外项目（如贷款承诺、无条件可撤销承诺、直接信用替代等）。

四、建立全球流动性标准

虽然巴塞尔Ⅱ在金融监管方面相对于巴塞尔Ⅰ取得了很大进步，如使资本要求不仅涵盖了信用风险，而且包括市场风险和操作风险，但是仍然忽视了对流动性风险的监管，导致在这次危机前国际上缺乏一致接受的全球流动性监管标准。而这次全球金融监管改革一个非常重要的进步就在于推出了全球流动性标准，充分认识到流动性监管的重要性，巴塞尔Ⅲ明确指出，“更严格的资本金要求，对银行部门的稳定性来说是必要条件，但并非充分条件，通过稳健的监管标准来强化流动性储备也具有同等重要性”（BCBS，2010a）。

历次危机前后基本都显示出这样一个显著特征，即在危机发生前，在全球金融市场上常四处充斥着流动性，而一旦危机爆发，市场流动性往往瞬间蒸发，并且之后相当长的时间内整个金融市场常面临流动性匮乏，金融系统因此承受巨大的压力，这一特征在这次危机爆发前后表现得尤为显著，受到了学术界的广泛关注。Brunnermeier（2009）阐释了2007~2008年的抵押贷款风暴如何通过流动性和信用紧缩放大机制——借款人的资产负债表效应（Balance Sheet Effects）、网络效应（Network Effects）等，如滚雪球般席卷整个金融市场；Aikman等（2009）通过对美国银行系统2007年资产负债表的研究，发现资金成本的增加和对流动性的担忧放大了其风险；Brunnermeier和Pedersen（2009）通过研究市场流动（Market Liquidity）与融资流动性（Funding Liquidity）间的联系指出，中央银行通过控制融资流动性可以减轻市场流动性问题，他们的这一观点得到了美联储主席Bernanke等的广泛认可（Bernanke，2009）。

鉴于此次危机的教训和流动性对于银行健康持续运营的重要性，巴塞尔委员会2008年出版了《健全流动性风险管理和监督原则》（*Principles for Sound Liquidity Risk Management and Supervision*），并于2010年12月公布了作为巴塞尔Ⅲ重要组成部分的《巴塞尔Ⅲ：流动性风险衡量、标准和监测的国际框架》。为了加强流动性框架，巴塞尔Ⅲ制定了两套融资流动性最低标准：一是通过确保银行拥有足够的、高质量的流动性能度过为期一个月的极其严峻的压力环境，提高银行流动性风险的短期弹性。为了实现这一目标，巴塞尔Ⅲ要求流动性覆盖比率（Liquidity Coverage Ratio，LCR）不低于100%[①]。二是通过激励银行运用稳定的资金来源为业务融资，提高银行流动性风险的长期弹性，为此巴塞尔Ⅲ要求净稳定融资比率（Net Stable Funding

① 流动性覆盖比率（LCR）=高质量流动性资产存量/未来30日历天总现金净流出。

Ratio，NSFR）不低于100%[①]（BCBS，2010a；BCBS，2010c）。

第三节　更加注重宏观审慎监管与微观审慎监管的有机结合

2010年12月通过的巴塞尔Ⅲ除了加强微观审慎监管外，还非常注重与宏观审慎监管的有机结合。宏观审慎监管包括两个维度：一个是在时间维度上，处理金融体系随时间变化的整体风险，强调金融系统的“顺周期性”问题；另一个是在横截面维度上，处理在某一时点风险是如何在金融系统内部各金融机构间分布的，关注相关破产风险，要求给予共同风险暴露、系统重要性风险暴露相对单个金融机构的特质风险暴露更大的权重。上述每一维度均对应一个引发系统性金融危机的因素。与时间维度相对应的是金融系统的顺周期性，即金融系统内部以及金融系统与宏观经济之间能够产生特大金融周期和经济周期波动的机制。与横截面维度相对应的是金融系统内各机构间相互联系的、共同的风险暴露，因为这会使得这些金融机构易于面临共同的风险来源，从而导致这些金融机构同时破产（Crockett，2000；Borio and Drehmann，2009；Borio，2010）。

一、从时间维度进行逆周期监管

本次全球金融危机一个重要的不稳定因素源于金融冲击通

① 净稳定融资比率（NSFR）= 可获得稳定融资额/稳定融资要求额。

过银行系统、金融市场以及更广的实体经济产生的顺周期放大作用（Procyclical Amplification）。市场参与者的顺周期行为通过多种渠道被放大了，这些渠道包括盯市计价（Mark-to-market）资产和持有到期贷款的会计准则、保证金制度，以及金融机构、企业和消费者的积累与去杠杆化行为（BCBS，2009；BCBS，2010a）。

巴塞尔Ⅱ允许银行在计算信用风险资本要求时采用标准法，或者内部评级法（包括初级评级法和高级评级法）。标准法主要采用外部信用评级为各类资产设定风险权重来计算风险资产；而使用内部评级法时，对于给定风险暴露的资本要求主要取决于银行自己对各种风险因素（Riskcomponents）——违约概率（PD）、违约损失（LGD）、违约风险暴露（EAD）以及有效期限（M）的内部评级（BCBS，2004）。在巴塞尔Ⅱ框架下，不管是采用标准法还是内部评级法，虽然都增加了对信用风险的敏感性，但也使银行部门的最低资本要求更具有顺周期性（Heid，2007；Andersen，2011）。巴塞尔Ⅱ的这种顺周期性，采用标准法时主要源于风险计量的基础——评级机构，其对金融机构的外部信用评级具有显著的顺周期性；而采用内部评级法时，顺周期性主要源于内部评级法所使用的各种风险因素与经济周期变化的高度相关性。总之在巴塞尔Ⅱ框架下，无论是采用信用风险的标准法，还是初级内部评级法和高级内部评级法，随着资本要求风险敏感性的增强，顺周期性都将增加（李文弘，2009）。

为了解决巴塞尔Ⅱ存在的顺周期性问题，巴塞尔Ⅲ要求建立资本留存缓冲（Capital Conservation Buffer）和逆周期资本缓冲（Countercyclical Capital Buffer）。针对最低资本要求存在的周期性问题，巴塞尔Ⅲ要求银行在经济扩张时留取缓冲资本，以备经济紧缩期间银行发生损失时使用这些缓冲来吸收损失。巴塞尔Ⅲ要求缓冲资本应该高于最低监管标准（巴塞尔Ⅲ要求银行在最低普通股资本要求4.5%的基础上，还应该保留最低2.5%的普通股资本留存缓冲，即最低普通股资本要求加上留存资本缓冲后普通股资本要求达到7%），当缓冲资本降低后，银行可以通过酌情减少收益分配的方式来重建资本缓冲，包括减少股息支付、股票回购和员工红利支出，银行也可以通过向私人部门筹集新资本的方式作为内部资本留存的替代；并反对利用资本缓冲支付股息、雇员红利等收益分配。巴塞尔Ⅲ要求在最低监管资本要求之上建立一个由普通权益一级资本构成的资本留存缓冲，当资本水平降到该范围内时，银行将受到资本分配限制。在不同的普通权益一级（CET1）资本比率水平下，银行所需满足的最低资本留存应占收益的百分比标准如表2-6所示。

表2-6　单个银行的最低资本留存标准

单位：%

普通权益一级（CET1）资本比率	4.5~5.125	>5.125~5.75	>5.75~6.375	>6.375~7.0	>7.0
最低资本留存比率（占收益的百分比）	100	80	60	40	0

资料来源：BCBS，2010a。

为了确保将银行运营的宏观金融环境因素纳入银行部门的资本要求，巴塞尔Ⅲ还提出了逆周期资本缓冲要求。当过度的信贷增长积累了系统范围内的风险时，各国当局应该建立逆周期资本缓冲以确保银行系统能够抵御未来潜在的损失。逆周期缓冲制度包括：①各国当局应该监测信贷增长以及其他能反映系统性风险积累的指标，并评估信贷增长是否已经过度将导致系统范围内的风险积累，基于此评估根据情况制定逆周期资本缓冲要求。②国际性活跃银行应该关注他们私人部门信用暴露的所在地，并计算他们特定逆周期资本缓冲要求，应等于他们拥有信用暴露所在地的资本缓冲要求的加权平均。③如果银行的逆周期资本缓冲未达到要求，将受到分配限制（BCBS，2010a；BCBS，2010c）。此外，巴塞尔Ⅲ要求逆周期资本缓冲包括国家逆周期资本缓冲和银行特定的逆周期资本缓冲两个层次。在国家层次上，巴塞尔委员会制定了《国家逆周期资本缓冲操作指引》，要求各巴塞尔成员国指定一个负责决定逆周期资本缓冲规模的权力机构，当该机构判定某一时期信贷过度增长将导致系统范围内的风险时，将根据系统风险程度建立一个占加权风险资产 0~2.5%的逆周期资本缓冲要求。在银行层次上，逆周期资本缓冲是资本留存缓冲的拓展，巴塞尔Ⅲ要求银行建立一个占加权风险资产 0~2.5%的逆周期资本缓冲，表 2-7 为银行须建立 2.5%的逆周期资本缓冲时，在不同的普通权益一级（CET1）资本比率水平下最低资本留存应占收益的百分比标准。

表 2-7 银行须建立 2.5%的逆周期资本缓冲时的最低资本留存标准

单位：%

普通权益一级（CET1）资本比率	4.5~5.75	>5.75~7	>7~8.25	>8.25~9.5	>9.5
最低资本留存比率（占收益的百分比）	100	80	60	40	0

资料来源：BCBS，2010a。

二、横截面维度强调系统重要性机构风险与相互关联性

本次危机有很大破坏程度和影响范围的原因，一方面在于从时间维度来看金融体系本身具有的周期性过度波动特征，以及全球金融监管具有的顺周期性放大了冲击；另一方面还在于从横截面维度来看具有系统重要性的金融机构之间相互联系过于紧密，扩大了危机的传染范围。但是巴塞尔Ⅰ和巴塞尔Ⅱ的

设计主要是限制单一机构的单独风险，并没有充分专注于系统性风险（Acharya et al.，2010b），因此忽视了金融机构尤其是具有系统重要性的金融机构破产和损失将会对其他金融机构产生风险溢出效应，以及对其他经济部门造成外部性。金融机构风险的外部性特征和传染性问题早已为学者们所关注（Allen and Gale，2000；Dasgupta，2004；Allen and Carletti，2006），这次危机后学者们更加深了对系统性风险与金融机构的关联性与系统性风险的认识（Castro，2009；Allen et al.，2010），尤其是意识到了加强对具有系统重要性的金融机构监管的重要性（Huang et al.，2009）。

为此，巴塞尔委员会提高了对金融机构之间的相互关联与系统性风险的关注，尤其是将加强对系统重要性金融的监管纳入了巴塞尔Ⅲ框架。虽然 2010 年底巴塞尔Ⅲ基本框架公布时，对系统重要性金融机构的具体监管标准暂未最终形成，但巴塞尔Ⅲ全球监管框架已提出要求——系统重要性银行应当拥有超过最低标准的资本来吸收损失（BCBS，2010a）。并且，巴塞尔委员会建议建立一个评估全球范围内具有系统重要性的金融机构的方法，该方法将包括定性和定量指标。此外，巴塞尔委员会正在研究全球系统重要性金融机构应具有多大的额外损失吸收能力，以及减轻系统重要性银行风险和外部性的措施，包括流动性附加税、对大风险敞口更严格的限制和加强监管。

第四节　巴塞尔Ⅲ与中国金融监管改革

一、巴塞尔Ⅲ对中国金融改革的影响

基于最新金融监管理论发展成果的巴塞尔Ⅲ，更正了传统金融监管理论只专注于单个金融机构风险而忽视了应对系统性风险给予重视的缺陷，不仅加强了对单个金融机构的风险监管，而且更加注重对整个金融体系的系统性风险控制。基于这种新金融监管理论的巴塞尔Ⅲ，在具体的全球金融监管框架设计上，不仅进一步加强了微观审慎监管，而且更加注重与宏观审慎监管的有机结合，这将推动全球金融体系向更加稳健的方向发展。例如，对资本质量要求的提高和建立资本留存缓冲，可以提高银行吸收损失、应对负向冲击的能力；加大风险覆盖范围、引入杠杆率要求可以限制监管套利活动，减少表外风险；建立逆周期资本缓冲，可以缓解银行体系和监管的亲周期性，以及减少金融系统过度波动带来的严重负面影响；加强对系统重要性金融机构监管，可以限制因“大而不倒”和“联系太紧而不倒”产生的道德风险。但是，巴塞尔Ⅲ也给各国金融改革提出了许多新的挑战性问题，尤其是像中国这样以银行业为主导快速发展的国家。

自中国银行业监督管理委员会 2004 年 2 月发布并于 2006 年修订《商业银行资本充足率管理办法》后，中国建立起了相对完整的银行监管制度，中国银行业改革取得举世瞩目的成绩，其中非常重要的一点是中国银行业抵抗风险的能力得到了明显提升。2009 年底我国商业银行的资本充足率达 11.4%，其中核心资本充足率为 9.2%[①]，均远远超过巴塞尔Ⅱ的最低资本要求。但是，我们也必须清醒地认识到，我国银行业离巴塞尔Ⅲ的要求仍然存在较大差距，还存在许多需要努力的方面：①需要进一步提高我国银行的资本质量。2009 年我国银行业的普通股一级资本 CET1 比率仅为 5.63%，尽管达到了巴塞尔Ⅲ关于普通股一级资本 CET1 的最低资本要求，但是离加上资本留存缓冲后的巴塞尔Ⅲ的最终要求 7%还相去甚远（目前还没有一家银行达到该标准）。此外，值得我们注意的是，我国还存在许多银行（如邮政储蓄银行、广东发展银行、深圳发展银行等）的普通股一级资本，甚至低于过渡期 2013 年 3.5%的最低要求（见表 2-8 和表 2-9）。②需要改变过去依靠信贷规模增长的发展模式。由于巴塞尔Ⅲ对普通股一级资本提出了更高的要求，这对于我国银行依靠资产规模增长的发展模式来说无疑是个很大的挑战，在今后的银行改革与发展中应该更注重效益的提高。③加强对大型国有商业银行的监管。虽然巴塞尔Ⅲ尚未最终确定全球系统性金融机构划分和额外资本要求的标准，但是如果以资本规模作为划分的标准和设计要求，我国多数商业银行将被划分为具有全球重要性的金融机构，必将对我国大型国有商业银行提出更严格的要求，因此加强对国有商业银行的监管，转变国有商业银行的发展方式，避免因国有商业银行道德风险重蹈“剥离坏账与注资—过度信贷竞争—再剥离坏账与注资”的恶性循环，显得尤为重要。

① 资料来源：中国银行业监督管理委员会统计数据。

表 2-8 巴塞尔Ⅲ资本要求与资本缓冲

单位：%

	普通股一级资本 CET1	一级资本 T1	总资本 TC
最低资本要求	4.5	6.0	8.0
资本留存缓冲	2.5	—	—
最低资本要求与资本留存缓冲	7	8.5	10.5
逆周期资本缓冲	0~2.5	—	—

资料来源：BCBS，2010a。

表 2-9 2009 年中国银行业普通股一级资本（CET1）比率

单位：%

名称	CET1	名称	CET1	名称	CET1	名称	CET1
银行业金融机构合计	5.63	中国工商银行	5.76	中国光大银行	4.02	兴业银行	4.47
大型商业银行	5.45	中国农业银行	3.84	华夏银行	3.58	浦东发展银行	4.20
股份制商业银行	4.78	中国银行	6.27	中国民生银行	6.26	恒丰银行	4.74
城市商业银行	6.32	中国建设银行	5.81	广东发展银行	3.33	浙商银行	5.32
农村商业银行	5.98	交通银行	4.96	深圳发展银行	3.48	渤海银行	4.46
邮政储蓄银行	1.23	中信银行	6.03	招商银行	4.49		

资料来源：根据《中国金融年鉴（2010）》计算。

二、巴塞尔Ⅲ后的中国金融监管改革

1. 加强商业银行资本管理

为加强我国商业银行资本的有效监管，维护我国银行体系的稳健运行，中国银行业监督管理委员会于 2012 年 6 月 8 日颁布了《商业银行资本管理办法（试行）》[①]，并自 2013 年 1 月 1 日起实施，分别对我国商业银行的资本充足率计算和监管要求、资本定义、信用风险加权资产计量、市场风险加权资产计量、

①《商业银行资本管理办法（试行）》具体规定详见中国银行业监督管理委员会官网，http://www.cbrc.gov.cn/chinese/home/docDOC_ReadView/79B4B184117B47A59CB9C47D0C199341.html。

操作风险加权资产计量、商业银行内部资本充足评估程序、监督检查以及信息披露等方面进行了具体规定。

《商业银行资本管理办法（试行）》规定我国商业银行资本充足率监管要求包括：最低资本要求、储备资本和逆周期资本要求、系统重要性银行附加资本要求以及第二支柱资本要求，要求商业银行应当按照以下公式计算资本充足率：

$$资本充足率=\frac{总资本-对应资本扣减项}{风险加权资产}\times 100\%$$

$$一级资本充足率=\frac{一级资本-对应资本扣减项}{风险加权资产}\times 100\%$$

$$核心一级资本充足率=\frac{核心一级资本-对应资本扣减项}{风险加权资产}\times 100\%$$

其中，商业银行风险加权资产包括信用风险加权资产、市场风险加权资产和操作风险加权资产。《商业银行资本管理办法（试行）》规定，我国商业银行各级资本充足率不得低于如下最低要求：核心一级资本充足率不得低于5%、一级资本充足率不得低于6%、资本充足率不得低于8%。此外，商业银行应当在最低资本要求的基础上计提储备资本，储备资本要求为风险加权资产的2.5%，由核心一级资本来满足；在特定情况下，商业银行应当在最低资本要求和储备资本要求之上计提逆周期资本，逆周期资本要求为风险加权资产的0~2.5%，由核心一级资本来满足；对于国内系统重要性银行，除了规定的最低资本要求、储备资本和逆周期资本要求外，还应当计提附加资本，附加资本要求为风险加权资产的1%，由核心一级资本满足。

2. 加强商业银行流动性风险管理

为了加强对我国商业的流动性风险的有效管理，2009年10月29日，中国银行业监督管理委员会出台了《商业银行流动性风险管理指引》，随后中国银监会针对我国银行业流动性风险管理存在的问题，并借鉴巴塞尔Ⅲ流动性标准，在对现行的流动性风险监管制度进行梳理、补充和完善的基础上，起草了我国的《商业银行流动性风险管理办法（试行）》，并于 2011 年 10 月向社会公开征求了意见，之后进一步进行了修订，并于 2013 年 10 月再次向社会公开征求了意见，修改后的《商业银行流动性风险管理办法（试行）》最终于 2015 年 9 月 2 日公布，并自 2015 年 10 月 1 日起施行[①]。

受巴塞尔Ⅲ流动性监管指标的影响，我国自 2015 年 10 月 1 日实施的修改后的《商业银行流动性风险管理办法（试行）》中流动性风险监管指标包括流动性覆盖率和流动性比例。其中，流动性覆盖率旨在确保商业银行具有充足的合格优质流动性资产，能够在银监会规定的流动性压力情景下，通过变现这些资产满足未来至少 30 天的流动性需求，流动性覆盖率的计算公式为：

$$流动性覆盖率=\frac{合格优质流动性资产}{未来30天现金净流出量}\times 100\%$$

《商业银行流动性风险管理办法（试行）》规定，我国商业银行的流动性覆盖率应当不低于 100%。

流动性比例的计算公式为：

$$流动性比例=\frac{流动性资产余额}{流动性负债余额}\times 100\%$$

《商业银行流动性风险管理办法（试行）》规定，我国商业银行的流动性比例应当不低于 25%。

此外，《商业银行流动性风险管理办法（试行）》要求我国商业银行的流动性覆盖率应当在 2018 年底前达到 100%；在过渡

---

①《商业银行流动性风险管理办法（试行）》具体规定详见中国银行业监督管理委员会官网，http：//www.cbrc.gov.cn/chinese/home/docDOC_ReadView/2645FE6EA99C41CCA7EBFA653FDA33EC.html。

期内，应当在 2014~2017 年底前分别达到 60%、70%、80%、90%；在过渡期内，鼓励有条件的商业银行提前达标；对于流动性覆盖率已达到 100%的银行，鼓励其流动性覆盖率继续保持在 100%以上。

3. 加强对中国商业银行的杠杆率管理

为了加强对我国商业银行杠杆化程度的有效管理，维护我国商业银行安全、稳健运行，中国银行业监督管理委员会于 2011 年 6 月 2 日颁布了《商业银行杠杆率管理办法》，并自 2012 年 1 月 1 日起实施；2015 年 2 月 12 日中国银行业监督管理委员会又修订了《商业银行杠杆率管理办法（修订）》[①]，自 2015 年 4 月 1 日起施行。

《商业银行杠杆率管理办法（修订）》规定，我国商业银行并表和未并表的杠杆率均不得低于 4%，商业银行杠杆率的计算公式为：

$$杠杆率=\frac{一级资本-一级资本扣减项}{调整后的表内外资产余额}\times 100\%$$

其中，调整后的表内外资产余额的计算公式如下：

调整后的表内外资产余额=调整后的表内资产余额（不包括表内衍生产品和证券融资交易）+衍生产品资产余额+证券融资交易资产余额+调整后的表外项目余额

《商业银行杠杆率管理办法（修订）》要求，我国系统重要性银行应当自 2015 年 4 月 1 日起达到该办法规定的最低监管要求，其他商业银行应当于 2016 年底前达到该办法规定的最低监管要求。

①《商业银行杠杆率管理办法（修订）》具体规定详见中国银行业监督管理委员会官网，http://www.cbrc.gov.cn/chinese/home/docDOC_ReadView/D9D9C53E6C184022A4A45ED774C91A8F.html。

【第三章】

宏观审慎监管思潮与系统性金融风险测度理论及方法变革

由美国房地产次级抵押债券市场危机引发的全球金融海啸，对全球经济的破坏程度堪称“百年一遇”，这次危机波及范围异常广泛、持续时间非常长。其破坏性如此深广的原因主要有以下两个：一方面是时间维度上金融体系自身系统性风险的周期性特征，以及金融监管的亲周期缺陷放大了危机冲击，即所谓的时间维度上的系统性金融风险问题；另一方面是横截面维度（或空间维度）上金融机构风险的负向外部性，尤其是系统重要性金融机构之间的过度关联，使冲击在金融系统之间，以及金融系统和经济之间传导，即横截面维度上的系统性金融风险问题。

危机爆发后，金融理论界、实务界以及监管当局广泛认识到原有监管框架对于系统性金融风险监管的缺失，开始积极推进全球金融监管变革。其中，最具有里程碑意义的变革是更加注重对系统性金融风险的管理，并促使了基于宏观审慎监管理念的巴塞尔Ⅲ诞生。旨在减少系统性金融风险的宏观审慎管理，吸取了这次国际金融危机的深刻教训，其主要包括时间和横截面两个维度，即在时间维度上进行逆周期监管，减少金融体系内的整体系统性风险，以及减轻金融体系和金融监管之间的顺周期放大机制；在横截面维度上，解决金融机构倒闭的风险外溢性或负向外部效应问题，尤其是加强对系统重要性金融机构的监管，减少“大而不倒”和“联系太紧而不倒”的金融机构对金融系统造成的灾难性破坏问题。

鉴于构建逆周期的金融宏观审慎管理制度框架，建立健全系统性金融风险防范预警体系、评估体系和处置机制，对于维护我国金融体系稳定、保持我国经济平稳快速发展具有重要的战略意义。因此，对实施宏观审慎管理的前提——系统性金融风险的度量理论与方法进行梳理总结，具有非常重要的理论和现实意义。

第一节　宏观审慎监管理念对系统性金融风险度量的影响

2007~2009 年的国际金融危机爆发前，微观审慎监管理念认为，只要确保了单个金融机构安全稳健、风险较低，便能确保整个金融系统稳定、系统性风险较小，防止系统性金融危机发生（Lehar，2005；Brunnermeier et al.，2009；李文泓，2009）。因此，危机前各国金融机构和监管当局广泛采用的传统金融风险度量理论与方法，比如风险价值（VaR）法和期望损失（ES）法，主要专注于单个金融机构风险。这些传统的风险测度与管理方法，不仅没有考虑因金融机构之间资产与负债的协同运动、直接或间接联系等导致的负向风险外溢作用，而且忽视了整个金融系统在不同的风险状况（经济繁荣期与发生金融危机）下，单个金融机构与整个金融系统之间的风险相互影响。因此，风险价值、期望损失等传统的金融风险度量方法，只是孤立地考察单个金融机构的个体风险，并不能反映整个金融系统的系统性风险（Adrian and Brunnermeier，2009；Acharya et al.，2010）。

由于传统的金融风险度量方法不能衡量整个金融部门的系统性风险，尤其难以捕捉金融市场处于极端条件下的尾部风险，难以准确度量单个金融机构对整个金融系统的系统性风险贡献程度，也就难以对系统性金融风险进行有效的监测，难以加强对单个金融机构有针对性的监管，最终不利于控制系统性金融风险、防范系统性金融危机的爆发。这些问题在此次全球金融危机中暴露无遗，引起了国内外学者、金融实务界和监管当局的广泛重视。

为此，这次全球金融危机爆发后，金融风险的度量理论与方法更加重视系统性金融风险。这些最新发展的理论与方法，强调了金融体系内部金融机构之间的关联性、金融风险的传染性和负向外部效应特征，考虑了金融市场处于极端条件下的尾部风险影响，并提出了如何在金融机构之间合理分配系统性风险（即如何衡量单个金融机构对系统性金融风险的贡献程度）。具体而言，这些最新发展的理论与方法，主要从宏观审慎管理的两个维度——时间维度和横截面维度，对原有的金融风险度量理论与方法进行了发展：第一类主要从时间维度上对金融体系的整体风险状况进行评判；第二类从横截面维度上考察系统性风险的分布，或者说单个机构对系统性风险的贡献程度问题，以及金融机构的系统重要性。为此，将分别从宏观审慎管理的时间维度和横截面维度对这些理论和方法进行阐述。

第二节　时间维度上系统性金融风险度量研究趋势

从时间维度上对系统性金融风险进行度量，主要是对金融体系的整体风险状况进行评判，其在理论与方法上的最新研究趋势大致包括以下几个方面：从采用静态的金融机构资产负债表数据，到更加青睐具有前瞻性的金融市场数据；注重金融机构之间的网络关联，以及由此产生的传染风险；强调金融部门与实体经济之间的相互作用，以及双向反馈作用机制；关注潜在的市场冲击对金融部门系统性风险的影响；更加重视对系统性金融危机的早期预警。

一、采用从静态的机构资产负债表数据到更加青睐具有前瞻性的金融市场数据

为了评估金融体系的脆弱性，帮助宏观审慎分析，以期提高金融体系的稳定性，特别是减少金融体系崩溃的可能性，国际货币基金组织早在 2001 年就基于资产负债表数据构建了一套金融稳健指标（Financial Soundness Indicators，FSIs），并于 2003 年颁布了《金融稳健指标编制指南》[①]，这次危机发生后，基于资产负债表数据的金融稳健指标仍然作为许多国家进行宏观审慎分析的重要依据。金融稳健指标包括加总的单个机构数据以及代表这些金融机构运作所在市场情况的一些指标，主要由金融

① IMF 最新颁布的《金融稳健指标编制指南》为 2006 年版。

机构资产负债表中的项目或项目的相互比率编制而成，分为核心类指标和鼓励类指标，以存款吸收机构而言，核心类指标主要包括资本充足率、资产质量、收益和利润、流动性、对市场风险的敏感性（IMF，2006，2011）。通过金融稳健指标，可以衡量一国金融机构、公司和住户的金融健康状况和稳健性。相对于其他系统性金融风险度量方法，该方法的优点在于其计算相对较为简单、数据容易获得，对于大部分国家和地区操作性较强，容易进行国际比较。但是该方法也存在许多不足，如大多数基于资产负债表的金融稳健指标，如贷款损失拨备或未履约贷款，一般都不具有前瞻性，因此难以对系统性金融风险进行有效的预测。

随着金融市场的发展，基于股票价格、信用违约互换（CDS）以及金融衍生工具等金融市场数据的系统性风险测度方法，在此次危机后越来越受到学术界和监管当局的广泛青睐。例如，Huang 等（2009）、刘红忠等（2011）等，通过考察金融机构股票收益率的相关性变化，来衡量金融部门的系统性风险。Billio 等（2009）通过金融机构的股票收益之间的因果联系是否增加来衡量系统性风险。Yang 和 Zhou（2010）则通过金融机构的信用违约互换（CDS）的变化，来度量系统性金融风险的变化。Barkbu 和 Ong（2010）提出利用外汇调期交易衡量系统性风险。基于市场数据的度量法主要具有以下几种优势（范小云、王道平和方意，2011）：一是金融机构的资产价格变化反映了市场对其未来表现的预期，因此采用市场数据更具有前瞻性（Duffie，2009；Huang et al.，2009）；二是基于金融市场数据的方法更具有时效性，能够及时反映金融部门系统性风险在时间维度上的变化状况（Huang et al.，2009），有利于及时进行风险控制与监管；三是金融市场数据相对容易获得。

二、注重金融机构之间的网络关联与传染风险

由于系统性金融风险很大程度上源于金融机构之间的过度关联导致的传染风险，因此许多学者采用能够较好地反映金融机构之间相互关联的网络模型法度量系统性风险。该方法先假设在系统中某一（或某些）金融机构面临损失（或发生危机）的情况下，通过金融网络关联，模拟整个金融系统将面临的损失大小来度量系统性金融风险。Upper（2007）系统地介绍了如何运用网络法，分析银行间市场的系统性风险。国内学者马君潞、范小云和曹元涛（2007），黄聪和贾彦东（2010）等运用网络分析法，分析了中国银行部门的传染风险及其特征。Mistrulli（2011）则利用意大利央行的实际银行间交易数据，运用该方法分析了意大利的银行系统风险，并考察了该方法的有效性。此外，Gray 等（2008）、宫小琳和卞江（2010）等，还将网络分析运用到宏观金融部门层面，分析国民经济部门间的传染机制。运用网络法度量系统性金融风险，其优点在于可以很好地刻画金融系统内各金融机构间的实际关联，即能将系统性风险的传染与银行间的实际交易相联系，避免了只分析银行数据而未对银行间业务进行考察所带来的分析上的失误（范小云，2006）。当然，这种方法在实际运用中也存在以下一些局限性（范小云、王道平和刘澜飚，2012）：金融机构的实际双边敞口矩阵数据难以获得，因此多数研究常利用最大熵方法进行模拟求解；利用银行间双边敞口的模拟数据，可能会使分析结果出现一定偏差（Upper，2007；Mistrulli，2011）。此外，现有运用网络分析法的研究，通常选取某一时点的银行间横截面数据，为了考察宏观金融风险在时间维度上的变化，需要尽量频繁地进行网络分析。

三、强调金融部门与实体经济之间的相互作用

金融部门与实体经济之间往往存在紧密的联系，并且相互作用。因此，在衡量系统性金融风险时，不仅需要考虑对实体经济的影响，而且还应该考虑实体经济对金融部门系统性风险的反馈作用。于是，一些学者采用 VAR 模型，度量整个金融体系的系统性风险和金融不稳定性，如 Misina 和 Tessier（2008）。该类方法具有较好的预测功能，并能够描述与追踪冲击在经济体范围内的传导。同时，该类方法能够给出对金融部门，以及宏观经济的反馈作用的动态描述。该方法还可以通过计算结构冲击的脉冲响应来实现压力测试（Galati and Moessner，2011）。

四、关注潜在市场冲击的影响

鉴于系统性事件或系统性危机的发生，往往只在特定的市场冲击条件下才会出现。为此，许多学者建议采用宏观压力测试与情景分析法来评估潜在的市场冲击，以此衡量系统性金融风险。宏观压力测试与情景分析法强调潜在状态条件（State-contingent），通过压力测试可以评估假定的市场冲击的影响（IMF、BIS、FSB，2009），以及衡量金融系统对异常大幅度外生冲击的反应（Drehmann，2009）。宏观压力测试与情景分析主要包括以下三个步骤：确定相关的宏观冲击或情景；建立与系统性风险因素关联并能衡量金融困境的模型；测度危机的损失，并以此评估冲击的影响。宏观压力测试与情景分析法的优点在于具有前瞻性，并且强调冲击在系统内部的传导。缺陷在于，一般不能捕捉金融系统与宏观经济之间的反馈效应，也不能捕

捉小幅冲击可能具有的巨大效果（Borio and Drehmann，2009）。

五、更加重视对系统性金融危机的早期预警

由于系统性金融危机具有很高的直接和间接成本，这就凸显了早期预警系统（Early Warning Systems，EWSs）的重要性，即对系统性金融危机进行早期预测是非常必要的。以银行危机早期预警系统为例，有效的早期预警系统应该能够显示银行挤兑和银行破产的风险在上升，并有助于能够防范潜在危机发生和减少危机影响的政策实施（Davis and Karim，2008）。关于早期预警系统研究的文献很多，如 Von Hagen 和 Ho（2007）、Davis 和 Karim（2008）、Dell'Arricia 等（2008）等。对早期预警指标的研究大多借助信贷与资产市场指标（Gerdesmeier et al.，2009；Fornari and Lemke，2009），因为这些指标在预测长期（1~4 年）金融困境阶段时表现较好，即使样本外预测能力也较好，并且反映了内生周期导致金融不稳定性（Borio and Drehman，2009）。早期预警系统法的缺陷在于，不能很好地反映实体经济与金融部门之间是如何相互影响、相互作用的（Galati and Moessner，2011）。

第三节　横截面维度上系统性金融风险度量研究趋势

进行宏观审慎管理，从横截面维度上对系统性金融风险进行度量，主要是考察系统性风险在金融体系内的分布问题，或者说单个机构对系统性风险的贡献程度，并比较单个金融机构

的相对系统重要性。其最新研究趋势大致有以下几个方面：在对金融系统性风险进行分配时，学者们越来越提倡与宏观审慎管理理念相吻合的“自上而下”的度量方法；在衡量金融机构造成的系统性损失时，不仅关注其导致的破产损失，而且关注对其他金融机构的破产数量与破产概率的影响；在测度方法上，越来越注重多方法的综合。

一、风险分配方式：从“自下而上”到“自上而下”

为了测度特定金融机构对系统性风险的贡献程度，并以此衡量单个金融机构的系统重要性，许多学者将原来用于测度单个金融机构风险的方法推广到整个金融系统，以测度单个机构对整个金融系统的风险（或损失）的贡献程度。从对系统性风险的分配角度划分，这些方法可以分为“自下而上”和“自上而下”的度量方法。由于宏观管理是自上而下的，因此“自上而下”的度量方法更符合宏观审慎管理的理念，具有更重要的理论和现实意义。

1. “自下而上”的度量方法（Bottom-up Measures）

关于“自下而上”的单个机构对系统性风险贡献的度量方法，或者说金融系统性风险分配方式，其中代表性研究之一为 Adrian 和 Brunnermeier（2009）基于风险价值（VaR）提出的条件风险价值（CoVaR）方法。条件风险价值（CoVaR）测度的是在特定机构遭遇困境的条件下整个金融系统的风险价值，而特定金融机构对系统性风险的边际贡献为 CoVaR 与正常条件下整个金融系统的风险价值（VaR）的差额。这种测度方法的不足在于，严重依赖于杠杆化、规模和期限错配；更重要的是，条件风险价值（CoVaR）在测度单个金融机构的边际风险贡献时，和风险价值（VaR）一样仍然只考虑损失分布的 α 分位数，因而不能很好地捕捉条件风险价值（CoVaR）门限值以下的极端情况下的尾部风险，并且不具有可加性，即单个金融机构的风险贡献加总并不能得到系统性风险的总测度（Adrian and Brunnermeier, 2009; Tarashev et al., 2010）。此外，Buiter（2009a）指出 CoVaR 测度方法还存在另外两个问题：一是它采用相关性来测度溢出效应，溢出效应意味着因果性，但是相关性不一定意味着因果性；二是 CoVaR 测度与 VaR 测度一样，可能在危机时期的表现与正常时期大不一样，而相关性是在正常时期测算出来的。Galati 和 Moessner（2011）则认为，CoVaR 仍然是一个双边测度，即它并没有考虑到间接影响。

2. “自上而下”的度量方法（Top-down Measures）

宏观审慎管理是自上而下的，它先设定一个与整个系统可以接受的尾部损失（Tail Losses）相关的门限值，然后根据单个机构对整个系统风险的边际贡献计算审慎控制标准（Borio, 2003）。因此，为了更好地实施宏观审慎管理，在度量单个机构对系统性风险的贡献时，最好也采取“自上而下”的度量方法。

其中，代表性的方法之一是 Acharya 等（2010）基于期望损失（ES）提出的系统性期望损失（SES）和边际期望损失（MES）方法。Acharya 等（2010）采用特定金融机构的系统性期望损失，衡量整个金融系统发生系统性事件时，金融机构对整个金融系统风险（或期望损失）的边际贡献。通过比较金融机构的系统性期望损失大小，可以得出各金融机构的相对系统重要性。特定金融机构的系统性期望损失等于发生系统性危机事件时，该金融机构权益资本低于其目标水平的数量。而特定金融机构的边际期望损失（MES），衡量的是在未发生危机时市场表现最差的 α%状况下，该金融机构对整个金融系统风险（或期望损失）的边际贡献。系统性期望损失和边际期望损失度量方法的优势在于，该方法考虑了门限值（损失分布的 α 分位数）以外的所有损失，具有可加性，很好地解决了 Adrian 和 Brunnermeier（2009）提出的条件风险价值（CoVaR）存在的问题。更重要的是，Acharya 等（2010）的方法考虑了金融机构杠杆率对系统性风险和金融机构的边际风险贡献的影响，并基于微观经济理论模型和极值理论证明了可以通过金融机构在为发生金融危机时期的边际期望损失和杠杆率，来预测发生系统性金融危机时金融机构对整个系统的边际风险贡献。于是，该方法能与宏观审慎监管理论很好地吻合，监管当局可以通过加强对那些边际风险贡献和杠杆率大的金融机构进行差别审慎监管，实现减少系统性风险和防范金融危机爆发的监管目的。由于 Acharya 等（2010）的测度方法没有考虑金融机构边际风险贡献在时间维度上的动态变化，范小云、王道平和方意（2011）提出采用滚动固定样本窗口的方法，考察金融机构边际风险贡献在时间维度上的动态特征，并运用该方法测度了此次全球金融危机期间以及危机前后，我国金融机构对整个金融系统的边际风险贡献程度。

由于系统性风险在金融体系内的分布问题，类似于合作博弈中整体合作后产生的收益或成本分配问题。于是，Tarashev 等（2010）借鉴博弈论中的沙普利值（Shapley Value）方法的思想①，提出了另一种代表性的“自上而下”的测度单个机构对系统性风险贡献程度的方法。Tarashev 等（2010）认为，一个银行对系统性风险的贡献，不仅包括对其他非银行机构造成的直接损失，

① Shapley Value 方法是由 Shapley（1953）提出来的，该方法原本是用于解决合作博弈中将整体合作后产生的收益或成本在每一个体间进行公平分配的，该方法以每一个体对整体贡献的大小作为分配的标准。

即直接贡献；而且包括在系统性事件中对其他银行损失概率和严重性的影响，即所谓的间接贡献。Shapley Value 方法先计算包含特定金融机构与不包含该金融机构的不同子集的系统性风险（系统范围内的风险价值 VaR 和期望损失 ES），而其差别则为该金融机构对系统性风险的贡献程度。Drehmann 和 Tarashev（2011）进一步将该方法用于衡量银行和金融机构的系统重要性。国内学者贾彦东（2011）则采用 Shapley Value 方法，测度了我国银行机构的“间接参与”风险贡献，并结合网络法测度的“直接贡献”，对我国银行机构的风险贡献程度与系统重要性进行了评测。

二、损失的度量方式：从破产损失到金融机构的破产数量与破产概率

在衡量金融体系的整体系统性风险与系统性金融危机的损失时，除了可以通过直接计算金融系统已经发生或者可能发生的整体损失外，还可以通过金融体系内金融机构的破产概率和破产数量来衡量。为此，一些学者通过考察特定金融机构出现的问题，对金融系统内其他金融机构的破产概率和破产数的影响，来度量该金融机构对系统性风险的贡献程度，以及其系统重要性。例如，Segoviano 和 Goodhart（2009）通过考查在某家银行倒闭的情况下至少会有其他银行倒闭的条件概率，来测度个体机构的系统性影响。Zhou（2010）则将 Segoviano 和 Goodhart（2009）的测度方法拓展到多变量情形中，提出了“系统重要性指数”（Systemic Importance Index），它测度的是在某家银行倒闭的情况下，银行系统内倒闭银行的预期数目；Zhou（2010）还考虑了另一种反向测度指标——在系统中至少存在另一家银行倒

闭的情况下，某特定银行倒闭的概率，即所谓的“脆弱性指数”(Vulnerability Index)。范小云、王道平和刘澜飚（2011）建立了一个网络模型，利用 2007~2009 年中国银行间市场数据进行了模拟分析，并比较了不同银行作为危机诱发因素导致的其他银行破产数量、系统性损失，以及诱发系统性危机的难易程度，以此判断各家银行对我国银行部门的系统性风险贡献大小，以及相对系统重要性。

三、测度方法：从单一方法到多方法的综合

由于各种测度方法存在各自的优势与局限性，而通过不同方法的结合可以取长补短。为此，一些研究者建议采取多种方法相结合的方式，来度量单个机构对系统性风险的贡献与系统重要性。例如，Gauthier 等（2010）采用了五种不同的方法来计算对系统性风险的贡献度，即成分 VaR、增量 VaR、两种方式的 Shapley Value，以及 CoVaR 方法。并且 Gauthier 等（2010）使用加拿大银行系统中单个银行的贷款账簿、风险敞口和银行间关联性（包括 OTC 衍生品）数据，来比较将银行系统整体风险配置给各家银行的各种机制。他们的研究表明，当银行资本金要求发生变化时，整体风险以及个体银行风险贡献度也会改变。他们发现宏观审慎资本金配置可能与观测到的资本金水平相差高达 50%；从宏观审慎资本金提高金融稳定性的效果来看，五种风险配置机制给出的结论相似。

第四节 建立适合我国国情的系统性金融风险度量体系的建议

为了能更好地实施宏观审慎管理，防止系统性金融危机的发生，危机后相关国际组织、各国监管当局与学者们，对金融系统性风险的度量进行了广泛而深入的研究，但至今仍未找到一套合适的测度系统性金融风险的度量方法体系。对于我国来说，在金融市场发展程度、金融体制等方面，不但与发达国家存在差异，即使与多数发展中国家和新兴市场国家相比也不完全相同。因此，有必要从我国国情出发，建立合适的系统性金融风险度量体系，并应注重以下几方面的问题：

首先，该系统性金融风险度量体系，必须能够很好地兼顾宏观审慎管理的时间维度和横截面维度。也就是说，该度量体系不仅要能准确地评估我国金融体系的整体风险及其在时间维度上的周期性变化，还要能够合理地度量系统性金融风险是如何在我国金融机构之间分布的，或者说我国各金融机构对系统性金融风险的贡献及其系统重要性如何。以便我国监管当局根据度量结果，实施逆周期宏观审慎管理，及早识别潜在的系统性风险、防范系统性金融危机爆发，并能根据各金融机构的风险贡献程度和系统重要性进行有针对性的差别监管、防范金融机构的道德风险，以及由此带来的过度风险负向外部性。

其次，应建立适合我国国情的系统性金融风险多指标、多方法的综合评测体系。由于国内外现有的各种测度方法存在各自的优势与局限性，为了更好地从时间维度和横截面维度对系统性金融风险进行准确的度量和有效的监管，应该综合各种风险指标和度量方法的优势，取长补短，达到优势互补。

最后，还应重视宏观审慎管理和系统性金融风险度量所需的各种数据库建设，做好各项金融统计基础工作。要想做到对系统性金融风险进行及时、准确地度量和有效监管，需要充分利用金融机构和宏观经济部门的资产负债表存量与流量数据，以及各种金融市场数据等包含的多重信息。这亟须我国积极促进金融市场（如信用违约互换市场）进一步发展、信息披露和审计制度不断完善，以及金融统计工作不断健全等。

【第四章】

基于资产负债关联数据的中国系统性金融风险测度与宏观审慎监管①

第一节 网络分析法与基于资产负债关联数据的系统性金融风险测度

由美国次贷危机引发的全球金融危机在破坏程度和影响范围上如此深广的原因，不仅在于顺周期性在时间维度上放大了冲击，而且在于金融机构之间的过度关联使冲击在金融系统和经济之间传导（巴塞尔银行监督管理委员会（Basel Committeeon Banking Supervision），2010）。

此次全球金融危机，促使了国际组织、各国监管当局以及学者们对系统性金融风险的衡量理论与方法进行了积极的探索

① 本章主体部分已发表于《金融研究》2012 年第 11 期，原题为《规模、关联性与中国系统重要性银行的衡量》。

与研究，按照国际货币基金组织、国际清算银行和金融稳定理事会2009年10月发布的《评估系统重要性金融机构、市场与工具指南：初步考虑》的划分，网络法（同网络分析法）被列为系统性金融风险度量方法三大类主要方法中第一大类最为重要的方法（IMF、BIS、FSB，2009a）[①]。

网络分析法最初被用来分析银行间的传染风险，代表性的理论研究主要包括Allen和Gale（2000）及Freixas等（2000），他们分析了不同的银行间市场结构对传染风险概率的影响。Allen和Gale（2000）认为，完全市场结构下系统性风险发生的概率相对较小，而非完全市场结构下发生系统性危机的概率较大。Freixas等（2000）分析了货币中心银行市场结构，认为传染风险概率主要取决于模型的参数值。关于网络分析的衡量方法通常基于双边敞口，因此该方法的关键在于获得银行间双边敞口矩阵，然后有两种方法可以用来评估金融机构的系统重要性。第一种方法通过网络中金融机构之间的相互关联性（Interconnectedness）和集中度（Centrality）等统计指标衡量机构之间是如何联系的来确定系统重要性金融机构（Wasserman and Faust，1994；Newman et al.，2006；von Peter，2007）。第二种方法是通过计算金融机构倒闭对网络中其他实体的影响来衡量它们的系统重要性，该方法能够模拟信贷事件等对特定金融机构的风险外溢效应，以及银行间市场单个或多个机构破产导致的多米诺骨牌效应冲击（Degryse and Nguyen，2007；Upper，2007；Mistrulli，2011）。

由于网络分析法的第二种方法以一种客观的方式定义潜在的系统重要性机构（IMF、BIS、FSB，2009b），能够通过模拟的

① 另外两大类方法为基于市场数据的风险组合模型法、压力测试与情景分析法。

方法在危机爆发前预先测度出潜在的系统性危机损失、危机传染范围以及传染轮次，有利于监管当局判断哪些金融机构具有系统重要性从而在发生危机时需要介入干预，以及介入干预的时机和力度。此外，由于该分析法主要基于银行的实际资产负债表数据，对于金融市场发展较晚和不够健全的发展中国家来说，可以避免简式法（Reduced-form Approach）因市场数据的质量不高、时间短、样本少导致的一系列问题。因此，网络分析法的第二种方法受到了学术界和监管当局的广泛青睐，在实践中得到了广泛的运用，如 Sheldon 和 Maurer（1998）、Furfine（2003）、Wells（2004）、Upper 和 Worms（2004）、马君潞等（2007）、宫小琳和卞江（2010）、贾彦东（2011）、范小云等（2012）、高国华和潘英丽（2012）、左振宇等（2012）、王明亮等（2013）、隋聪等（2014）、欧阳红兵和刘晓东（2015）、方意（2016）、Mistrulli（2011）分别运用网络分析法分析了瑞士、美国、英国、德国、奥地利、中国、意大利的银行系统风险。除此之外，一些学者还将网络分析运用到部门层面，如 Gray 等（2008）、宫小琳和卞江（2010）。当然，这种方法在运用中也难免存在一些局限性：金融机构的实际双边敞口矩阵数据被认为具有机密性并难以获得（McGuire and Tarashev，2007）；利用银行间双边敞口的模拟数据，可能会使分析结果出现一定偏差（Upper，2007；Mistrulli，2011）；此外，现有运用网络分析法的研究通常选取某一时点的银行间横截面数据，测度银行部门系统性金融风险和衡量系统重要性金融机构，而宏观审慎监管要求不但应该考察横截面维度还应该关注时间维度，这就需要在测度系统性金融风险与衡量系统重要性银行时还应考虑银行间实际敞口时间维度上的变化，为此国际货币基金组织、国际清算银行和金融稳定理事会建议应该尽量频繁地进行网络分析

（IMF、BIS、FSB，2009b）。

此外，与采用网络分析法相比，基于市场数据的风险组合模型的不足在于：首先，该方法的实用性和有效性受到一国金融市场的发达程度的限制，要求具有足够数量的上市时间较长的金融机构，这就使得此类方法在金融机构上市数量较少、上市时间较短的发展中国家的运用受到限制；其次，风险组合法的有效性基于一个重要的假设前提——金融机构的股票价等市场数据能够充分反映风险状况，即金融市场满足有效市场假说；最后，基于市场数据的衡量方法大多基于股票价格等市场数据服从正态分布的假设，而实际上股票价格等具有明显的肥尾特征，从而可能会使该方法的结果产生偏误。压力测试与情景分析法的缺陷在于，通常只能捕捉市场对金融机构的影响，而不能反映金融机构的反馈作用（IMF、BIS、FSB，2009a），而系统重要性银行衡量的目的主要在于考察金融机构对市场的作用，明确哪些银行可能成为系统性金融危机的诱发源、在危机中对整个金融系统的负向影响较大。

结合我国具体国情——在此次全球金融危机前我国银行上市数目有限，尤其是我国 5 家大型国有商业银行中有 3 家是在 2007 年以后在 A 股上市的，运用基于市场数据的风险组合模型法分析评估我国银行业的系统重要性机构存在一定的限制，运用压力测试与情景分析不能反映金融机构的反馈作用、确定哪些银行可能成为系统性危机的诱发因素以及该银行的负向影响，而网络分析法则可以避免上述两类方法的不足。为此，在本章中，我们将首先给出一种基于网络分析法来测度我国银行部门的系统性风险、衡量我国哪些银行对于我国金融风险具有系统重要性的系统性金融风险测度方法；其次针对理论界和监管界存在的“大而不倒”与“联系太紧不倒”问题的争论，进一步分析规模和关联性对系统性风险以及系统重要性的影响。

第二节　网络分析法与系统性风险测度理论模型及方法

一、网络关联、银行破产数量及系统性损失

银行部门之间的相互关联一个最重要的渠道是银行间市场，为此现有文献关于银行关联的研究主要基于银行间市场（马君潞、范小云和曹元涛，2007；Wells，2004；Upper，2007；Mistrulli，2011；Drehmann and Tarashev，2011a）。设参与本国银行间市场的本国银行数为 n，令 x_{ij}（$x_{ij} \geqslant 0$）表示本国银行 j 对银行 i 的拆入资金和存放款头寸，那么本国银行间的拆借关系可以表示为由元素 x_{ij} 组成的 $n \times n$ 维矩阵。若 a_i 表示银行 i 对本国其他银行的存放同业款项与拆出资金的总和，l_j 表示银行 j 对本国其他银行的同业存放款项和拆入资金的总和，则有 $a_i = \sum_j x_{ij}$，$l_j = \sum_i x_{ij}$。

若第 0 期本国银行 k 因某种原因破产，那么第 1 期本国其他银行 i 的资本总额 c_i^1 可以表示为期初的资本（c_i^0）扣除因银行 k 破产导致的损失（θx_{ik}），即：

$$c_i^1 = c_i^0 - \theta x_{ik} \quad \text{式（4-1）}$$

其中，θ 为损失率，即银行 k 破产导致其对银行 i 的同业存放款项和拆入资金中比例 θ 不能偿还，$\theta \in [0, 1]$。令 L_{ilk}^1 表示第 1 期本国银行 i 因银行 k 破产而发生的损失，则有：

$$L_{ilk}^1 = c_i^0 - c_i^1 = \theta x_{ik} \quad \text{式（4-2）}$$

显然，第 1 期本国银行 i 因银行 k 破产而发生的损失 L_{ilk}^{1} 是一种条件损失，即在银行 k 发生危机破产的前提条件下面临的损失，其反映了银行 k 破产对银行 i 的风险外溢程度，或者银行 k 破产对银行 i 产生的负向外部性。由式（4–2）易知，银行 k 破产对银行 i 的风险外溢程度主要取决于两个方面，并与这两个方面都呈正向关系：一是银行 i 与银行 k 之间的关联程度 x_{ik}，在这里表示为同业存放和拆入资金额度（银行 k 对银行 i 的银行间负债）；二是损失率 θ，即银行 k 破产导致其对银行 i 的同业存放款项和拆入资金中多大比例不能偿还。如果银行 i 第 1 期的条件损失大于期初资本，即 $L_{ilk}^{1} > c_i^0$，定义银行 i 破产。

由于银行 k 与国内其他多家银行相互关联，银行 k 破产可能导致银行系统内多家银行同时发生损失。令 L_{slk}^{1} 表示第 1 期本国银行系统因银行 k 破产而发生的系统性损失，B 表示本国银行的全集，那么有：

$$L_{slk}^{1} = \sum_{i \in B-\{k\}} L_{ilk}^{1} = \sum_{i \in B-\{k\}} (c_i^0 - c_i^1) = \sum_{i \in B-\{k\}} \theta x_{ik} \qquad \text{式（4–3）}$$

式（4–3）表明，第 1 期银行 k 破产导致的系统性损失与银行 k 同其他银行的关联程度 x_{ik}、损失率 θ 呈正相关关系，银行 k 同其他银行的关联性越强、损失率 θ 越大，导致的系统性损失也将越大。令 N^1 表示第 1 期因银行 k 破产导致破产的本国银行组成的集合，则有：

$$N^1 = \{ i \in B-\{k\} : L_{ilk}^{1} > c_i^0 \mid c_i^0 > 0 \} = \{ i \in B - \{k\} : \theta x_{ik} > c_i^0 \mid c_i^0 > 0 \} \qquad \text{式（4–4）}$$

式（4–4）表明，第 1 期银行 k 破产导致的银行破产数目与银行 K 同其他银行的关联程度 x_{ik}、损失率 θ 也呈正相关关系，银行 k 同其他银行的关联性越强、损失率 θ 越大，导致银行破产数目越多。

由于第 1 期破产的银行 i（$i \in N^1$）与国内其他银行也存在相互关联，银行 i 破产将导致其他在第 1 期尚未破产的银行 j（$j \in B-\{k\}$ 且 $j \notin N^1$）在第 2 期也发生损失，那么第 2 期银行 j 的条件损失为：

$$L_{j|N^1}^2 = c_j^1 - c_j^2 = \sum_{i \in N^1} \theta x_{ji} \qquad 式（4-5）$$

令 N^2 表示第 2 期破产的银行集合，则有：

$$N^2 = \{ j \in B - \{k\} - N^1 : L_{j|N^1}^2 > c_j^1 \mid c_j^1 > 0 \} = \{ j \in B - \{k\} - N^1 : \sum_{i \in N^1} \theta x_{ji} > c_j^1 \mid c_j^1 > 0 \} \qquad 式（4-6）$$

于是从银行 k 破产至第 2 期末，因银行 k 破产导致的总破产银行数 $N = N^1 + N^2$，系统性损失为：

$$L_{s|k}^2 = \sum_i L_{i|k}^1 + \sum_j L_{j|N^1}^2 \left(\sum_{i \in B-\{k\}} \theta x_{ik} + \sum_{j \in B-\{k\}-N^1} \sum_{i \in N^1} \theta x_{ji} \right) \qquad 式（4-7）$$

若国内银行的破产风潮一直持续到第 T 期才不再有银行发生倒闭，那么因银行 k 破产导致的最终总破产银行和系统性损失分别为：

$$N_k = \sum N^t = \{ i \in B-\{k\} : L_{i|k}^1 > c_i^0 \mid c_i^0 > 0 \} + \sum_{t=2}^{T} \{ j \in B-\{k\} - \bigcup_{i=1}^{t-1} N^i : L_{j|N^{t-1}}^t > c_j^{t-1} \mid c_j^{t-1} > 0 \}$$

$$= \{ i \in B-\{k\} : \theta x_{ik} > c_i^0 \mid c_i^0 > 0 \} + \sum_{t=2}^{T} \{ j \in B - \{k\} - \bigcup_{i=1}^{t-1} N^i : \theta x_{ji} > c_j^{t-1} \mid c_j^{t-1} > 0 \} \qquad 式（4-8）$$

$$L_{s|k}^T = \sum_i L_{i|k}^1 + \sum_j L_{j|N^1}^2 + \cdots + \sum_j L_{j|N^{t-1}}^T = \sum_{i \in B-\{k\}} \theta x_{ik} + \left(\sum_{j \in B-\{k\}-N^1} \sum_{i \in N^1} \theta x_{ji} + \cdots + \sum_{j \in B-\{k\}-\bigcup_{i=1}^{T-1} N^i} \sum_{i \in N^{T-1}} \theta x_{ji} \right) \qquad 式（4-9）$$

其中，$\bigcup_{i=1}^{t-1} N^i$ 表示集合 N^i 之间的并集。由式（4-8）和式

(4-9) 可见，因银行 k 破产导致的最终总破产银行和系统性损失均可分解成两个主要组成部分：第一部分为银行 k 破产的直接影响，该部分的破产数量和系统性损失直接与 x_{ik} 和 θ 正相关；第二部分为 k 银行破产的间接影响，该部分源于银行 k 破产导致其他银行倒闭产生的传染效应，该部分的破产数量和系统性损失通过影响中间传染银行也与 x_{ik} 间接相关。

二、关联性、系统性风险与系统重要性银行

国际货币基金组织、国际清算银行与金融稳定委员会在《金融机构、市场与工具系统重要性的评估：初步考虑》中，将具有系统重要性的金融机构定义为，如果其破产以直接影响或以广泛传染的方式导致大范围内的危机，那么该机构具有系统重要性（IMF、BIS、FSB，2009）。由此我们可以通过定量的方式定义系统性重要银行，即若银行 k 破产通过直接影响或通过传染效应间接影响导致本国银行的破产数目 N_k 达到某一临界值 N_T（$N_T \geq 1$），或系统性损失 $L_{s|k}^T$ 达到某一临界损失 L_T（$L_T > 0$），那么称银行 k 具有系统重要性，即：

$$N_k = \{i \in B - \{k\}: \theta x_{ik} > c_i^0 | c_i^0 > 0\} + \sum_{t=2}^{T} \{j \in B - \{k\} - \bigcup_{i=1}^{t-1} N^i: \theta x_{ji} > c_j^{t-1} | c_j^{t-1} > 0\} \geq N_T \quad \text{式 (4-10)}$$

$$L_{s|k}^T = \sum_{i \in B - \{k\}} \theta x_{ik} + \left(\sum_{j \in B - \{k\} - N^1} \sum_{i \in N^1} \theta x_{ji} + \cdots + \sum_{j \in B - \{k\} - \bigcup_{i=1}^{T-1} N^i} \sum_{i \in N^{T-1}} \theta x_{ji} \right) \geq L_T \quad \text{式 (4-11)}$$

由式（4-10）和式（4-11）可见，系统重要性银行 k 破产导致的本国银行破产数目和系统性损失，一方面依赖于损失率 θ 的大小和破产期数 T，另一方面依赖于系统重要性银行 k 与国内

其他银行的直接、间接关联性。据此，我们可以得到如下理论推论：

理论推论1：通过银行间负债与其他银行关联性越高的银行越容易引发系统性危机，即诱发系统性危机要求的损失率临界值 θ_T 越低。

由式（4-10）和式（4-11）易知，当给定监管当局关注的银行破产数目 N_T 和系统性损失 L_T 时，与其他银行负债关联程度越高的银行（即 x_{ik} 越大），破产数目 N_k 和系统性损失 $L^t_{s|k}$ 达到临界值 N_T 和 L_T 所要求的损失率临界值 θ_T 就越小。

理论推论2：在同样的损失率和破产期数条件下，与国内其他银行负债关联性较高的系统重要性银行破产，将导致更多的银行破产和更大的系统性损失。

由式（4-10）和式（4-11）易知，单个银行作为系统性危机的诱发因素导致的银行破产数目 N_k 和系统性损失 $L^t_{s|k}$ 是该银行与其他银行负债关联程度 x_{ik} 的增函数。

三、最大化熵方法与银行间关联关系的估计

为了衡量我国哪些银行具有系统重要性（即其破产可能会导致其他银行倒闭），以及测算这些具有系统重要性的银行的破产损失，关键在于得到我国银行间的具体关联矩阵。但由于我国并未公布具体的银行间同业交易双方数据，只能通过银行年报、季报和中国金融统计年鉴等资料获得单个银行在一定报告期内的总量数据。在缺乏各银行间的具体交易数据的情况下，国内外研究者对各国银行体系的研究，大多采用最大化熵（Maximising the Entropy，ME）方法（Sheldon and Maurer，1998；Blavarg and Nimander，2002；Wells，2004；Upper and Worms，

2004； van Lelyveld and Liedorp， 2006； Degryse and Nguyen， 2007； Upper，2007；马君潞等，2007)，估计如下 n×n 银行间关联矩阵：

$$
\begin{array}{cc}
 & \sum_j \\
X=\begin{bmatrix} 0 & \cdots & x_{1j} & \cdots & x_{1n} \\ \vdots & \ddots & \vdots & \iddots & \vdots \\ x_{i1} & \cdots & 0 & \cdots & x_{in} \\ \vdots & \iddots & \vdots & \ddots & \vdots \\ x_{n1} & \cdots & x_{nj} & \cdots & 0 \end{bmatrix} & \begin{matrix} a_1 \\ \vdots \\ a_i \\ \vdots \\ a_n \end{matrix} \\
\sum_i \quad l_1 \qquad\quad l_j \qquad\quad l_n &
\end{array}
$$

其中，a_i 表示银行 i 对本国其他银行的存放同业款项与拆出资金的总和，l_j 表示银行 j 对本国其他银行的同业存放款项和拆入资金的总和，$a_i=\sum_j x_{ij}$，$l_j=\sum_i x_{ij}$，此外，由于银行自己不能对自己借贷，因此矩阵的对角线元素为 0。

最大化熵方法通常假设银行最大化分散它们的银行间头寸，这意味着银行间市场的关联结构满足完全网络结构。通过适当标准化，可将 a 和 l 视为边际分布函数 f(a) 和 f(l) 的实现值，而 X 可视为分布函数 f（a，l）的实现值。在银行间市场关联结构满足完全网络结构的条件下，则 f(a) 和 f(l) 相互独立，银行间的双边头寸 $x^*_{ij}=a_i\times l_j$。最大化熵方法通过最小化矩阵 X 和 X^*（由元素 x^*_{ij} 构成的矩阵）之间的交叉熵（Cross-entropy）来估计 X 的元素，即：

$$
\min_{\hat{x}_{ij}}=\sum_{i=1}^{n}\sum_{j=1}^{n}\ln\left(\frac{\hat{x}_{ij}}{x^*_{ij}}\right)
$$

$$
\text{s.t.}\quad \sum_j \hat{x}_{ij}=a_i,\ \sum_i \hat{x}_{ij}=l_j;\ \hat{x}_{ij}\geqslant 0\ \ \forall\ i\neq j;\ \hat{x}_{ij}=0\ \ \forall\ i=j
$$

这一问题的求解通常采用RAS算法（Blien and Graef，1991；Censor and Zenios，1997）。由于最大化熵方法在求解过程中假设银行间的关联结构满足完全网络结构，而不同的银行间网络关联结构下系统性风险发生的概率可能不同（Allen and Gale，2000；Freixas et al.，2000），这就可能会使基于最大化熵方法估计银行间关联结构的结论与使用实际银行间数据得到的结论存在一定的偏差（Upper and Worms，2004；Upper，2007）。Allen和Gale（2000）使用三阶段流动性偏好模型分析了三种不同网络关联市场结构下系统性传染风险发生概率的差异，认为在完全关联的网络市场结构下，系统性风险发生概率小，而非完全的市场结构发生危机的概率较大。基于Allen和Gale（2000）的理论，早期的研究多认为，基于完全关联网络假设的最大化熵方法的结论，可能会存在低估系统性风险偏差的情况（Wells，2004；Upper and Worms，2004；Upper，2007）。但最近Mistrulli（2011）利用意大利的实际银行间市场关联数据与基于最大化熵方法估计得到的数据对比研究表明，无论实际市场是完全还是不完全关联结构，当损失率较高时最大化熵方法会倾向于高估金融危机传染的严重性，而当损失率较低时最大化熵方法则会低估危机传染。同时其研究也表明，无论是在损失率高还是低时，基于最大化熵方法估计数据的研究结果，无论是银行破产数还是总资产损失，均与采用实际银行间市场双边关联数据得到的结果表现出很好的相关性。因此，在难以获得银行间实际双边交易数据而只能获得单个银行总量数据的情况下，采用最大化熵方法估计各银行之间的关联性，仍然是对此领域研究常采用的和可取的方法。由于本书旨在研究中国各银行的相对系统重要性，以及影响银行相对系统重要性的因素，因而该方法的不足对本书分析结论的影响会相对较小。

第三节　基于我国银行间网络关联数据的模拟结果及系统性风险分析

一、数据来源与模拟说明

根据《中国金融年鉴》2008~2010 年的统计，我国银行体系主要由 5 家国有商业银行、12 家股份制商业银行、3 家政策性银行、1 家邮政储蓄银行以及数目众多的城市商业银行、城市信用社、农村金融机构构成。本书采用我国 2007~2009 年公开披露年报信息的国有商业银行、股份制商业银行、邮政储蓄银行、政策性银行和规模较大的城市商业银行和农村商业银行的银行间市场同业拆放数据①，并对于规模较小没有公布资产负债表信息的城市商业银行，本文模拟了其相关的银行间拆放信息②。

由于本书旨在研究国内银行部门的系统性重要机构以及比较这些银行的相对重要性和影响因素，因此根据各银行的年报资产负债表附注信息，对于各银行与境内其他金融机构和境外金融机构交易部分数据，作了相应剔除，同业拆放市场中的银

① 我国城市商业银行和农村商业银行公布 2007~2009 年年报信息的有北京银行、南京银行、宁波银行、上海银行、天津银行、大连银行、平安银行、北京农商行、上海农商行。而中国邮政储蓄银行、国家开发银行数据来自《中国金融年鉴》。

② 由于我国城市信用社、农村信用社、农商行等规模较小的农村金融机构的银行间交易数较小、机构数目繁多，且不会影响本书的分析结论，因此本书未对其进行模拟。为审慎起见，本书根据匿名审稿专家建议，将规模较小且难以公开获得资产负债表的城市商业银行作为一家银行进行了模拟，结果表明本书结论相当稳健。

行资产为仅指资产负债表中存放境内银行同业和拆放境内银行同业项之和，负债为境内银行同业存放和境内银行同业拆入项之和。此外，由于各银行公布的年报信息中，均未披露银行间交易对象，我们采用该领域研究国内外常采用和可取的最大化熵方法，利用修正后的国内银行间市场数据，估计了2007~2009年中国银行间市场交易的借贷关联矩阵（包括2007年的147×147银行间关联矩阵、2008年的159×159银行间关联矩阵、2009年的166×166银行间关联矩阵）。基于上述借贷关联矩阵，本书模拟了我国各银行作为系统性危机的诱导因素，在各种可能的损失率条件下，导致的银行破产数量以及银行部门的资本损失。

二、中国银行系统性风险及系统重要性银行的衡量

为了考察我国银行发生危机引发的系统性风险，以及哪些银行具有系统重要性，可以假设任何一家银行均有可能破产，通过模拟其破产导致的其他银行破产数目和整个银行体系的系统性损失（即资本损失）是否能达到监管当局关注的临界值，来确定其是否是系统重要性银行。当然，银行破产数目和系统性损失临界值的不同设定，势必会影响系统重要性银行的数目。具体临界值的设定可由监管当局根据我国的具体国情而定。

模拟结果表明，如果以银行破产临界值 $N_T=1$（即该银行破产至少会导致一家以上其他银行倒闭，$N_K\geq1$）来定义系统重要性银行[①]，我国具有系统重要性的银行在2007~2009年分别总共

① 关于定义系统重要性的银行破产数目 N_T 的标准设定，会影响系统重要性银行的数目，但不影响衡量各银行的相对系统重要性，以及对银行系统重要性影响因素的分析结论；出于对我国银行系统风险的审慎考虑，本书以银行破产数目临界值 $N_T=1$ 作为定义系统重要性的标准。

有 11 家、18 家、16 家（具体银行名称见表 4-1）。

表 4-1　中国系统重要性银行的衡量

系统重要性银行定义方式	年份	系统重要性银行数（家）	银行名称
按 $N_k \geqslant 1$	2007	11	中国工商银行、中国农业银行、中国银行、中国建设银行、交通银行、光大银行、华夏银行、深圳发展银行、兴业银行、民生银行、中国农业发展银行
	2008	18	中国工商银行、中国农业银行、中国银行、中国建设银行、交通银行、中信银行、光大银行、华夏银行、广东发展银行、深圳发展银行、招商银行、浦东发展银行、兴业银行、民生银行、北京银行、国家开发银行、进出口银行、农业发展银行
	2009	16	中国工商银行、中国农业银行、中国银行、中国建设银行、交通银行、中信银行、光大银行、华夏银行、深圳发展银行、招商银行、浦东发展银行、兴业银行、民生银行、国家开发银行、进出口银行、中国农业发展银行
	合计	45	
按 $L^T_{s\|k} \geqslant$ 1 万亿元	2007	9	中国工商银行、中国农业银行、中国银行、交通银行、光大银行、华夏银行、兴业银行、民生银行、中国农业发展银行
	2008	18	中国工商银行、中国农业银行、中国银行、中国建设银行、交通银行、中信银行、光大银行、华夏银行、广东发展银行、深圳发展银行、招商银行、浦东发展银行、兴业银行、民生银行、北京银行、国家开发银行、进出口银行、农业发展银行
	2009	16	中国工商银行、中国农业银行、中国银行、中国建设银行、交通银行、中信银行、光大银行、华夏银行、深圳发展银行、招商银行、浦东发展银行、兴业银行、民生银行、国家开发银行、进出口银行、农业发展银行
	合计	43	

鉴于一些银行破产可能只会引起少数规模较小的银行破产，因此仅以银行破产数目临界值 $N_T = 1$ 来定义系统重要性银行，可能会高估一些银行的系统重要性。为此，我们还可以通过在各种可能的损失率条件下（$0 < \theta \leqslant 1$）某银行破产的系统性损失 $L^T_{s|k}$ 是否达到某一临界损失值 L_T（$L_T > 0$）来衡量该银行是否具有系

统重要性。据《中国金融年鉴（2008）》统计，2007 年中国银行业金融机构的权益资本合计为 30307.10 亿元，若以银行破产是否会导致中国银行业权益资本总损失达到 30%（约 1 万亿元），作为衡量银行系统重要性的系统性损失临界值 L_T，即破产将导致中国银行部门系统性损失 $L_{slk}^T \geq 1$ 万亿元的银行被定义为具有系统重要性[①]，我国具有系统重要性的银行 2007~2009 年分别总共有 9 家、18 家、16 家（见表 4-1）[②]。

从基于上述两种定义方式模拟的结果（见表 4-1）可以看出：①我国 5 家国有商业银行（中国工商银行、中国农业银行、中国银行、中国建设银行、交通银行），在 2007~2009 年均具有系统重要性（除按系统性损失 $L_{slk}^T \geq 1$ 万亿元定义，2007 年中国建设银行不具有系统重要性）；②我国部分股份制商业银行、政策性银行以及城市商业银行，如果倒闭也能诱发其他银行破产，造成较大的系统性损失（超过 2007 年银行部门总资本的 30%）。从这个意义上说，如果仅简单地按规模把国有商业银行定义为系统重要性银行，对于维护我国银行部门的稳健与安全显然是不够的。

三、中国系统重要性银行的相对系统重要性程度的衡量

为了比较上述系统重要性银行的相对系统重要性程度的大小，可以从如下两个方面衡量：①诱发系统性危机的难易程度，可以通过比较引发系统性危机所需的损失率临界值 θ_T 大小来衡

① 如同银行破产的数目临界值 N_T，系统性损失临界值 L_T 的大小标准不同也会使得系统重要性银行的数目不同，但并不影响衡量各银行的相对系统重要性，以及本书对银行系统重要性影响因素的分析结论。

② 为了全面考察各种可能的损失率情况，我们模拟了各家银行在损失率 $\theta \in (0, 1]$ 以 0.01 为间隔进行了 100 次模拟，以考察系统性损失是否会超过 1 万亿元。

量。若所需的损失率临界值较低（即只要该银行对其他银行负债中的较小比例不能归还，便能使银行破产数目和破产损失达到监管当局关注的某一临界值），说明该银行较容易诱发系统性危机；反之若所需的损失率临界值较高，那么该银行不太容易诱发系统性危机。越容易诱发系统性危机的银行，其相对系统重要性程度越高。②最终的破产损失大小，主要包括两个方面，一个是银行破产数目 N_k，另一个是系统性损失 $L^T_{s|k}$。破产损失越大的银行其相对系统重要性程度也越高。

1. 诱发系统性危机难易程度的衡量：损失率临界值

为了考察我国哪些银行更容易诱发系统性危机，我们分别从导致其他银行破产数目和破产损失达到某一临界值所需的损失率临界值 θ_T 大小来衡量。如表 4-2 所示，为按银行破产数目临界值 $N_T = 1$（即该银行破产至少会导致 1 家以上其他银行倒闭，$N_T \geqslant 1$）、系统性损失临界值 $L_T = 1$ 万亿元（即该银行破产至少会导致银行部门的资本损失大于 1 万亿元，$L^T_{s|k} \geqslant 1$ 万亿元）定义的系统重要性银行，以及损失率临界值 θ_T 的大小。

模拟结果表明（见表 4-2 和表 4-3），从以上两种衡量方式可以看出我国系统重要性银行诱发系统性危机的难易程度具有如下特征：①我国 5 家国有商业银行（中国工商银行、中国农业银行、中国银行、中国建设银行、交通银行）在 2007~2009 年的损失率临界值 θ_T 总体相对较低，说明如果我国国有商业银行一旦发生危机，在一个相对较低的损失率水平下便能诱发系统性危机。②通过银行间负债与其他银行联系紧密的股份制商业银行、政策性银行的损失率临界值 θ_T 要求也较低，特别是如上海浦东发展银行、国家开发银行等[①]，损失率临界值 θ_T 甚至低

① 关于各银行的银行间负债和资产关联情况的统计性描述如表 4-6 所示。

于部分国有商业银行，也就是说一旦这些银行出现问题，也将很容易诱发系统性危机。历次金融危机的教训表明，那些在规模上不是最大的银行往往最容易出现危机，并最终成为系统性危机的诱发因素。从这个意义上讲，若单从规模上考虑仅把国有商业银行划为系统重要性银行是远远不够的，加强对那些在规模上不是最大，但是通过银行间负债与其他银行联系紧密的银行监管是非常必要的。③我国具有系统重要性的银行在次贷危机最严重的2008年对于损失率临界值 θ_T 要求最低，即在次贷危机期间相对于危机前后更易诱发系统性危机；次贷危机后的2009年比危机前的2007年要求的损失率临界值 θ_T 有所降低，也就是说我国系统重要性银行在次贷危机后比危机前更易诱发系统性危机。④对比按照两种定义的模拟结果也表明，按照系统性损失 $L^T_{s|k} \geq 1$ 万亿元定义系统重要性银行，总体而言，损失率临界值 θ_T 要求有所提高（见表4-3），但具有系统重要性的银行数目和具体银行变化不大，仅中国建设银行和深圳发展银行在2007年被剔除系统重要性银行的范围，并且各银行的系统重要性按照诱发系统性危机的损失率临界值 θ_T 要求排序基本变化不大（见表4-2），这也说明两种定义作为衡量银行相对系统重要性的标准具有稳健性。

表4-2 中国系统重要性银行的衡量与损失率临界值 θ_T

银行及其简称	2007年		2008年		2009年	
	损失率临界值 θ_T		损失率临界值 θ_T		损失率临界值 θ_T	
	按破产数目	按系统性损失	按破产数目	按系统性损失	按破产数目	按系统性损失
	$N_k \geq 1$	$L^T_{s\|k} \geq$ 1万亿元	$N_k \geq 1$	$L^T_{s\|k} \geq$ 1万亿元	$N_k \geq 1$	$L^T_{s\|k} \geq$ 1万亿元
中国工商银行（ICBC）①	0.13	0.24	0.09	0.26	0.14	0.35

① 限于篇幅，在本书后面的论述中各银行将以括号中的英文简称表示。

续表

银行及其简称	2007年		2008年		2009年	
	损失率临界值 θ_T		损失率临界值 θ_T		损失率临界值 θ_T	
	按破产数目	按系统性损失	按破产数目	按系统性损失	按破产数目	按系统性损失
	$N_k \geq 1$	$L^T_{s\|k} \geq$ 1万亿元	$N_k \geq 1$	$L^T_{s\|k} \geq$ 1万亿元	$N_k \geq 1$	$L^T_{s\|k} \geq$ 1万亿元
中国农业银行（ABC）	0.23	0.33	0.16	0.29	0.17	0.38
中国银行（BOC）	0.14	0.25	0.06	0.24	0.1	0.17
中国建设银行（CCB）	0.81	—	0.12	0.27	0.26	0.45
交通银行（BOCOM）	0.48	0.66	0.14	0.33	0.39	0.50
中信银行（CITICS）	—	—	0.67	0.67	0.29	0.46
光大银行（CEB）	0.66	0.86	0.22	0.32	0.24	0.43
华夏银行（HXB）	0.31	0.45	0.2	0.32	0.57	0.57
广东发展银行（GDB）	—	—	0.48	0.48	—	—
深圳发展银行（SDB）	0.97	—	0.6	0.6	0.82	0.82
招商银行（CMB）	—	—	0.3	0.35	0.69	0.69
浦东发展银行（SPDB）	—	—	0.1	0.31	0.35	0.49
兴业银行（CIB）	0.55	0.74	0.21	0.32	0.55	0.55
民生银行（CMBC）	0.49	0.67	0.21	0.32	0.61	0.61
北京银行（BOB）	—	—	0.67	0.67	—	—
国家开发银行（CDB）	—	—	0.15	0.30	0.31	0.47
进出口银行（EIB）	—	—	0.45	0.45	0.55	0.65
农业发展银行（ADBC）	0.47	0.65	0.15	0.33	0.29	0.65

注：未标注损失率临界值 θ_T 的银行以及未包含的中国银行根据模拟结果和定义为不具有系统重要性的银行。

表 4-3 损失率临界值 θ_T 的描述性统计

损失率 θ_T 的定义方式	年份	观测值	均值	标准误	最小值	最大值
按 $N_k \geq 1$	2007	11	0.4763636	0.2675546	0.13	0.97
	2008	18	0.2766667	0.2037588	0.06	0.67
	2009	16	0.395625	0.2111546	0.1	0.82
	合计	45	0.3677778	0.2326711	0.06	0.97
按 $L^T_{s\|k} \geq 1$ 万亿元	2007	9	0.5388889	0.2269606	0.24	0.86
	2008	18	0.3794444	0.1366176	0.24	0.67
	2009	16	0.515	0.1538831	0.17	0.82
	合计	43	0.4632558	0.1762941	0.17	0.86

2. 系统重要性银行的破产损失衡量：银行破产数与系统性损失

各银行的相对系统重要性不但应关注其诱发系统性危机的临界损失率要求，还应该关注其作为系统性危机诱发因素导致的破产损失，而破产损失的衡量主要包括两个方面，一个是银行破产数量，另一个是系统性损失。由于在其他条件不变的情况下，损失率是影响银行破产数目和系统性损失的重要因素（Upper and Worms，2004；Upper，2007；Mistrulli，2011；马君潞等，2007），但具体损失率又往往不确定，为此本书采用国外类似研究通常的做法（Wells，2004；Upper，2007；马君潞等，2007），模拟了在不同损失率条件下，我国各银行作为可能的系统性危机诱导因素导致的银行破产数和系统性损失。

如表 4-4 所示为按银行破产数目 $N_k \geq 1$ 定义的我国 2007~2009 年具有系统重要性的银行作为诱导因素，损失率在 0~1 模拟的银行破产数目的描述性统计结果[①]。结果表明，2007~2009

① 表 4-4 中 N 表示模拟后结果形成的观测值个数。由于我们对各个银行在损失率介于 0~1 以 0.01 为间隔进行了 99 次模拟，因此每年每个银行可得到 99 个观测值。表 4-5 中的 N 同上。

年作为系统性危机诱发因素导致银行破产数平均最多的前五家银行依次为中国银行、中国工商银行、中国农业银行、国家开发银行和浦东发展银行，如果剔除国家开发银行和浦东发展银行在 2007 年不具有系统重要性的影响后，作为系统性危机诱发因素导致银行破产数平均最多的前五家银行依次为中国银行、中国工商银行、中国农业银行、华夏银行和交通银行；而按 2007~2009 年的平均总资产规模排序，我国最大的五家银行依次为中国工商银行、中国建设银行、中国银行、中国农业银行、国家开发银行[①]，这表明资产规模以外的因素可能才是影响银行系统性危机中破产数目的主要因素。同时，由第 10 百分位数（p10）统计可知，当损失率位于 0~1 时，中国银行作为系统性危机诱发因素在超过 90%的情形下会导致其他银行破产；而第一四分位数（p25）的统计表明，当损失率位于 0~1 时，在超过 75%的情形下中国银行和中国工商银行如果作为系统性危机诱发因素，将导致大规模银行倒闭（超过 130 家），此外中国农业银行、国家开发银行和浦东发展银行也能引发其他银行倒闭。

表 4-4 中国系统重要性银行与破产银行数模拟值描述统计

单位：家

name	N	mean	sd	min	p10	p25	p50	p75	max
BOC	297	115.9293	61.29496	0	1	135	142	153	160
ICBC	297	111.8249	64.34632	0	0	130	143	152	161
ABC	297	100.8316	70.03844	0	0	1	143	152	161
CDB	198	96.23737	73.99903	0	0	1	149	152	161
SPDB	198	96.01515	72.29996	0	0	1	144	151	160
HXB	297	82.79461	73.63773	0	0	0	137	149	160

① 表 4-6 给出了我国主要银行的总资产相对规模（即某银行的总资产占整个银行部门总资产的比例）具体情况。

续表

name	N	mean	sd	min	p10	p25	p50	p75	max
GDB	99	79.47475	75.95895	0	0	0	149	151	156
BOCOM	297	78.82828	74.69312	0	0	0	138	150	160
CMB	198	74.54545	77.0545	0	0	0	1	151	160
CMBC	297	71.05051	75.26135	0	0	0	1	151	160
CIB	297	70.52189	75.2009	0	0	0	1	150	160
CEB	297	70.47475	74.79337	0	0	0	3	149	160
ADBC	297	70.3569	74.49987	0	0	0	3	149	160
EIB	198	70.0101	76.6507	0	0	0	3	151	160
CITICS	198	68.25758	76.84409	0	0	0	3	153	160
CCB	297	66.45118	75.98052	0	0	0	1	152	161
BOB	99	50.76768	72.17211	0	0	0	0	151	156
SDB	297	30.18182	61.37171	0	0	0	0	0	160
Total	4455	78.84691	75.13053	0	0	0	138	151	161

各银行作为系统性危机诱发因素导致的破产损失，不仅可以通过其破产所诱发的破产银行总数衡量，而且可以通过其破产导致的系统性损失衡量。表 4-5 为我国主要银行 2007~2009 年损失率在 0~1 的系统性损失模拟值的描述性统计结果。结果表明，2007~2009 年作为系统性危机诱发因素造成的系统性损失平均最多的前五家银行依次为中国工商银行、中国银行、国家开发银行、中国农业银行和中国建设银行，各百分位数（p10、p25、p50 和 p75）的统计结果表明，系统性损失排序相对比较稳定，这五家银行的系统性损失模拟值基本都排在前五位，除了浦东发展银行的系统性损失中位数（p50）大于中国建设银行。

表 4–5　中国系统重要性银行系统性损失模拟值描述统计

单位：10 亿元

name	N	mean	sd	min	p10	p25	p50	p75	max
ICBC	297	2648.029	1290.268	566.999	809.663	1500.4	2730.3	3727.89	5161.61
BOC	297	2431.740	1176.761	474.29	721.457	1436.24	2488.16	3373.03	4959.84
CDB	198	2198.431	1483.294	353.831	421.663	682.109	2138.155	3153.55	5334.58
ABC	297	2171.073	1473.284	13.1565	327.675	713.168	2154.88	3228.21	5352.23
CCB	297	1843.044	1493.92	425.736	508.629	618.333	942.407	3025.83	5442.74
SPDB	198	1811.488	1402.977	51.2666	127.783	365.632	1889.915	2721.84	4858.25
CITICS	198	1633.670	1637.024	113.57	149.141	184.999	810.249	3005.36	5001
BOCOM	297	1618.388	1375.803	134.562	204.497	313.24	1214.98	2737.06	4993.32
HXB	297	1554.085	1401.763	22.4709	77.6602	165.366	1543.12	2670.37	4666.9
CMB	198	1518.983	1548.19	83.0478	117.518	161.491	527.29	2772.65	4706.59
EIB	198	1508.128	1466.494	18.7141	108.248	253.652	836.5065	2682.29	4695.37
CMBC	297	1470.653	1460.142	55.9936	113.667	187.983	473.929	2767.83	4635.51
ADBC	297	1467.212	1377.298	26.6519	88.9814	226.106	838.401	2740.17	4689.85
CEB	297	1444.468	1440.125	28.9737	86.0756	183.852	764.838	2618.82	4994.49
CIB	297	1438.228	1465.4	43.8696	94.5847	164.558	439.455	2697.73	4680.1
GDB	99	1334.383	1267.848	21.6199	39.7717	70.0248	1726.11	2520.41	3418.65
BOB	99	971.7134	1281.699	35.2431	48.0962	69.518	105.221	2475.48	3368.49
SDB	297	723.3441	1283.811	16.0369	39.2166	72.0214	137.234	264.49	4720.71
Total	4455	1690.629	1485.885	13.1565	104.72	234.594	1475.25	2847.26	5442.74

第四节　我国银行系统性风险及其系统重要性影响因素分析

一、因变量的选取及其描述性统计

为检验本章第二节的理论推导和前面对模拟结果的解释，接下来将采用计量方法检验银行间债务关联程度是否是影响银行相对系统重要性程度衡量标准——临界损失率 θ_T、银行破产数目和系统性损失 $L_{S1\,T}^{T}$ 大小的重要因素。此外，银行的相对规模也可能是影响银行系统重要性的重要因素，因为规模大的银行发生危机可能会导致更多的银行破产和更大的系统性损失。

1. 银行间关联程度

国内外许多学者通过银行资产负债表中的银行间资产、银行间负债数据研究银行之间的关联关系（Wells，2004；van Lelyveld and Liedorp，2006；Degryse and Nguyen，2007；马君潞等，2007）。为此，本书选取 2007~2009 年我国各银行的银行间资产占比和银行间负债占比年度数据作为衡量各银行与其他银行之间的关联程度指标①。其中，银行间资产占比指该银行资产负债表中存放境内银行同业和拆放境内银行同业项之和占整个银行部门存放境内银行同业和拆放境内银行同业项之和的比例，

① 巴塞尔委员会宏观审慎监管工作组（MPG）、国际货币基金组织（IMF）、国际清算银行（BIS）和金融稳定理事会（FSB）建议在衡量银行系统重要性时，规模和关联度分别采用总资产、银行间资产、银行间负债的占比等数据（IMF、BIS、FSB，2009a）。

用 asset_weight 表示；银行间负债占比指该银行境内银行同业存放和境内银行同业拆入项之和占整个银行部门的比例，用 liability_weight 表示。表 4-6 对 asset_weight 和 liability_weight 的描述性统计结果表明，我国银行间资产占比最高的前五家银行依次为中国银行、中国进出口银行、交通银行、浦东发展银行和兴业银行，该指标越大表明该银行通过银行间资产与其他银行联系越紧密；而银行间负债占比最高的前五家银行依次为中国银行、中国工商银行、中国进出口银行、中国农业银行和浦东发展银行，该指标越大表明该银行通过银行间负债与其他银行联系越紧密。

2. 银行的相对规模

银行的总资产相对规模也可能是影响银行系统重要性的因素，因为规模太大的银行可能会导致更大的系统性损失，即“大而不倒”问题。本书以 size_weight 表示银行总资产的相对规模（即总资产占整个银行部门总资产的比例）。如表 4-6 所示，我国银行总资产规模占比最高的前五家银行依次为中国工商银行、中国建设银行、中国银行、中国农业银行和国家开发银行。

表 4-6　中国系统重要性银行关联性与规模描述统计

		asset_weight		liability_weight		size_weight	
name	N	mean	sd	mean	sd	mean	sd
ABC	3	0.0346719	0.0193722	0.0790497	0.0255409	0.1086892	0.0067751
ADBC	3	0.032667	0.0244192	0.0503889	0.0017911	0.020999	0.0007325
BOB	1	0.0164637	0.000000	0.0114745	0.0000000	0.0066844	0.0000000
BOC	3	0.0974282	0.0501335	0.1438645	0.0072145	0.1121961	0.0015634
BOCOM	3	0.0592345	0.0273943	0.045467	0.0067941	0.0416447	0.0015013
CCB	3	0.0282004	0.0116788	0.0502094	0.0203717	0.1229072	0.0022614
CDB	2	0.0345333	0.0237873	0.0495015	0.0000642	0.058353	0.0019891
CEB	3	0.0406737	0.0042995	0.044279	0.0172401	0.0143042	0.0008054

续表

		asset_weight		liability_weight		size_weight	
name	N	mean	sd	mean	sd	mean	sd
CIB	3	0.0507003	0.028030	0.0345194	0.0056383	0.0164872	0.0003787
CITICS	2	0.0197028	0.0059764	0.0321188	0.0291248	0.0218404	0.0009818
CMB	2	0.0200736	0.000479	0.0241606	0.0029403	0.0257236	0.0007489
CMBC	3	0.0226242	0.0100825	0.0358385	0.0102192	0.0174925	0.0006046
EIB	2	0.0627971	0.0151923	0.0791782	0.015117	0.010170	0.0001606
GDB	1	0.0090177	0.000000	0.016205	0.000000	0.008752	0.000000
HXB	3	0.0167518	0.0078881	0.0468755	0.0236686	0.0112407	0.0004973
ICBC	3	0.0415445	0.024754	0.1246881	0.0457658	0.1570417	0.0077651
SDB	3	0.0084976	0.0047696	0.0184114	0.0053139	0.0072566	0.0004851
SPDB	2	0.0519395	0.0168797	0.0592029	0.024955	0.0207948	0.0002741
Total	45	0.0378346	0.0281626	0.0563728	0.0384727	0.0484439	0.0492753

二、计量结果

1. 关联性与诱发系统性危机的难易程度

为了考察通过银行间负债与其他银行关联性较高的银行是否容易引发系统性危机，即是否诱发系统性危机要求的损失率临界值 θ_T 较低，建立如下实证研究模型：

$$\theta_{T_{i,t}} = \beta_0 + \beta_1 A_{i,t} + \beta_2 L_{i,t} + \beta_3 Size_{i,t} + \sum Year + \varepsilon_{i,t} \qquad 式（4-12）$$

式（4-12）中 $\theta_{T_{i,t}}$ 为诱发系统性危机要求的损失率临界值。$A_{i,t}$、$L_{i,t}$、$Size_{i,t}$ 分别表示银行间资产关联程度、银行间负债关联程度、总资产相对规模，分别采用各银行的银行间资产、银行间负债和总资产占整个银行部门的份额表示（下文同）。Year 为年度虚拟变量。

表 4-7 给出了采用混合最小二乘法（Pooled OLS）、固定效

应模型和随机效应模型对式（4-12）的回归结果。无论是按照银行数目 $N_k \geq 1$ 还是系统性损失 $L^t_{slk} \geq 1$ 万亿元作为定义系统重要性银行损失率临界值 θ_T 的标准，采用混合最小二乘法和固定效应模型估计的结果均表明[①]，银行间债务关联程度即银行间负债占比均显著影响系统性重要银行的损失率临界值 θ_T，且系数在1%的水平上均显著为负，表明通过银行间负债与其他银行关联程度较高的银行诱发系统性危机要求的损失临界值 θ_T 较低，即更容易诱发系统性危机，这与本章的理论推论 1 一致。表示银行间资产关联程度的银行间资产占比系数均不显著，说明银行间资产并不是影响系统重要性银行诱发系统性危机的主要因素。此外，值得注意的是，表示银行总资产相对规模的总资产占比系数，无论是按照银行数目 $N_k \geq 1$ 还是按照系统性损失 $L^t_{slk} \geq 1$ 万亿元定义系统重要性银行，采用混合最小二乘法和固定效应模型的估计结果均不显著，说明总资产规模并不是决定系统重要性银行诱发系统性危机难易程度的最重要因素。

此外，代表 2008 年和 2009 年的年度虚拟变量系数均显著为负，且各回归模型中代表 2008 年的年度虚拟变量 year2 均明显小于代表 2009 年的年度虚拟变量 year3，表明我国具有系统重要性的银行在次贷危机最严重的 2008 年对于损失率临界值 θ_T 要求最低，2009 年次之，也就是说，在次贷危机最为严重的 2008 年，如果我国具有系统重要性的银行一旦发生危机，将比危机前后更容易诱发系统性危机（见表 4-7）。

① 无论是按照银行数目 $N_k \geq 1$ 还是系统性损失 $L^t_{slk} \geq 1$ 万亿元定义系统重要性银行，回归结果表明 Hausman 检验均不能拒绝原假设，即应当使用随机效应模型。

表 4-7　诱发系统性危机难易程度的影响因素

因变量	按破产数目 $N_k \geq 1$ 定义的损失率临界值 θ_T			按 $L^t_{s\|k} \geq 1$ 万亿元定义的损失率临界值 θ_T		
	(1) 混合回归	(2) 固定效应	(3) 随机效应	(4) 混合回归	(5) 固定效应	(6) 随机效应
asset_weight	-0.5741 (0.919)	-0.7229 (0.443)	-0.5875 (0.562)	-0.2983 (0.609)	-0.6162 (0.861)	-0.3324 (0.588)
liability_weight	-3.7705*** (1.210)	-6.2140*** (1.261)	-4.8861*** (1.277)	-2.5692** (0.962)	-4.6044*** (1.123)	-2.8335*** (1.004)
size_weight	-0.4659 (0.822)	10.0952 (5.924)	0.0051 (0.869)	-0.7624 (0.675)	5.0651 (4.305)	-0.6669 (0.691)
year2	-0.2825*** (0.058)	-0.3459*** (0.036)	-0.3187*** (0.045)	-0.2461*** (0.054)	-0.3188*** (0.056)	-0.2620*** (0.054)
year3	-0.1399** (0.054)	-0.1810*** (0.036)	-0.1643*** (0.045)	-0.0931* (0.051)	-0.1531*** (0.050)	-0.1064** (0.050)
Constant	0.7873*** (0.093)	0.4591 (0.283)	0.8592*** (0.072)	0.7973*** (0.056)	0.7025*** (0.170)	0.8234*** (0.057)
Observations	45	45	45	43	43	43
Number of bank		18	18		18	18
R-squared	0.643	0.805	0.6373	0.711	0.760	0.7099
Prob > F	0.0000	0.0000	0.0000	0.0000	0.0000	0.0000
Hausman检验p值		0.2577			0.2314	

注：①括号内为稳健标准误，***、**、* 分别代表 1%、5%、10%水平上显著（以下各表同）。
②Hausman 检验结果均不能拒绝原假设，即应当使用随机效应模型。

2. 关联性与系统重要性银行的破产损失

为了检验银行间负债关联性是否是影响系统重要性银行破产损失的重要因素，分别对银行间负债关联程度是否会对系统重要性银行作为危机诱发因素导致的银行破产数目和系统性损失产生影响进行考察。已有的研究表明，破产损失率会影响银行的破产数目和系统性损失（Upper，2007；Mistrulli，2011），因此在基础模型中考虑了破产损失率，构建如下实证研究模型：

$$N_{i,t} = \beta_0 + \beta_1 A_{i,t} + \beta_2 L_{i,t} + \beta_3 Size_{i,t} + \beta_4 \theta_{i,t} + \sum Year + \varepsilon_{i,t}$$

式（4-13）

$$SysLost_{i,t} = \beta_0 + \beta_1 A_{i,t} + \beta_2 L_{i,t} + \beta_3 Size_{i,t} + \beta_4 \theta_{i,t} + \sum Year + \varepsilon_{i,t}$$

式（4-14）

式（4-13）和式（4-14）中 $N_{i,t}$、$SysLost_{i,t}$、$A_{i,t}$、$L_{i,t}$、$Size_{i,t}$、$\theta_{i,t}$ 分别表示破产银行数、系统性损失、银行间资产关联程度、银行间负债关联程度、相对资产规模和损失率，Year 为年度虚拟变量。

鉴于损失率是影响银行破产数目和系统性损失的重要因素（Upper and Worms，2004；Upper，2007；Mistrulli，2011；马君潞等，2007），但具体损失率又往往不确定，为此本章先考察了在各种可能的损失率条件下，规模和关联性对我国系统重要性银行作为危机诱导因素导致的银行破产数和系统性损失的影响，然后为了分析结果的稳健性分别检验了当损失率 θ 等于 0.25、0.5 和 0.75 时规模和关联性对银行破产数和系统性损失的影响。

如表 4-8 所示，模型（1）为在各种损失率下采用混合最小二乘法（Pooled OLS）对基本式（4-13）回归的结果；模型（2）~模型（4）分别为损失率 θ 等于 0.25、0.5 和 0.75 时规模和关联性对银行破产数的影响。回归结果均表明，银行间负债占比系数在 1%的水平下显著为正，即通过银行间负债与其他银行联系紧密的银行，其作为危机的诱发因素将导致较多的银行破产，这与本章的理论推论 2 预期一致。其中，模型（1）银行间负债占比系数为 578.765，表明系统重要性银行的银行间负债占比每上升 1 个百分点，如果其发生危机将使破产银行家数增加 5.78 家。此外，表 4-8 的回归结果表明，银行相对规模的总资产占比系数并不太显著，表明资产规模并不是影响银行破产数目的重要因素。另外，回归结果还表明，2008 年、2009 年的年度虚拟变量除 θ = 0.25 时以外均显著为正，且 2008 年年度虚拟变量系数大于 2009 年，说明在此次国际全球危机期间如果我国系统重要性银行成为危机诱发因素的话，将比危机前后导致更多的银行破产。另外，表 4-8 中模型（1）损失率系数（θ）显著为正，表明随着系统重要性银行损失率（即负债中不能偿还的比例）的上升，将导致更多的银行破产。

表 4-8　银行破产数量的影响因素（1）

因变量（方法）	银行破产数（Pooled OLS）			
	（1）	（2）θ = 0.25	（3）θ = 0.5	（4）θ = 0.75
Asset_weight	−37.3495 (27.675)	−488.9743*** (173.159)	12.0951 (246.732)	13.6975 (239.388)
liability_weight	578.7650*** (31.242)	1006.2259*** (216.279)	974.9866*** (310.255)	540.3353** (266.189)
Size_weight	15.6355 (20.806)	−41.0039 (166.251)	146.5975 (186.176)	−184.2709 (172.410)
θ	192.1291*** (1.840)			
year2	52.2178*** (1.809)	13.4618 (12.348)	94.6115*** (16.362)	56.1627*** (19.603)
year3	28.7349*** (1.799)	−11.8223 (9.586)	46.4980** (18.925)	52.9363** (20.767)
Constant	−80.2926*** (1.927)	−21.9074** (9.880)	−25.4549 (17.210)	75.8615*** (25.566)
Observations	4455	45	45	45
Adjusted R-squared	0.663	0.548	0.458	0.262
Prob > F	0.0000	0.0000	0.0000	0.0000

为了进一步检验上述结果是否可靠，采用计数模型 Poisson 回归对式（4-13）进行了稳健性分析（见表 4-9）。结果表明，表示负债关联程度的银行间负债占比系数均显著为正，说明负债关联程度是影响系统重要性银行导致的银行破产数的重要因素，再次验证了本章的理论推论 2。而表示银行相对规模的总资产占比系数均不显著，再次表明资产规模并不是影响银行破产

数目的重要因素。关于年度虚拟变量的结论也比较稳健。

表 4-9 银行破产数量的影响因素（2）

因变量（方法）	银行破产数（Poisson）			
	（1）	（2）θ = 0.25	（3）θ = 0.5	（4）θ = 0.75
asset_weight	−0.6053 (0.439)	−11.4895 (15.117)	0.0715 (2.811)	−0.2284 (1.673)
liability_weight	6.9163*** (0.496)	32.6546*** (10.766)	9.5251** (3.967)	4.1055* (2.295)
size_weight	0.0897 (0.306)	0.6427 (11.452)	1.4297 (2.226)	−1.4143 (1.407)
θ	2.6743*** (0.045)			
year2	0.7169*** (0.033)	1.2586** (0.506)	1.1834*** (0.332)	0.4438** (0.186)
year3	0.4512*** (0.033)	−1.1408** (0.609)	0.7199** (0.351)	0.4244** (0.190)
Constant	1.8901*** (0.052)	−0.0780 (0.795)	3.0346*** (0.407)	4.4414*** (0.232)
Observations	4455	45	45	45
Pseudo R^2	0.484	0.726	0.320	0.159
Prob > chi2	0.0000	0.0000	0.0000	0.0000

表 4-10 列出了式（4-14）的估计结果，其中模型（1）为在各种损失率下采用混合最小二乘法回归的结果；模型（2）~ 模型（4）分别为损失率 θ 等于 0.25、0.5 和 0.75 时的回归结果。回归结果均表明，银行间负债占比系数为正，这与本章的理论推论 2 预期一致，且在 5%的水平下显著，说明通过银行间负债与其他银行联系紧密的银行，其作为危机的诱发因素将导致较大的系统性损失。表示相对规模的总资产占比系数都不显著，表明资产规模并不是影响系统性损失的重要因素；另外，模型（1）、模型（4）的这一系数符号为负，与传统的观点——规模较

大的银行破产将导致较大的系统性损失相左。此外，模型（1）损失率系数也显著为正，表明随着损失率增加系统性损失也将增加。另外，表示 2008 年和 2009 年的年度虚拟变量系数（除 2009 年 θ = 0.25 时外）均显著为正，且表示 2008 年的年度虚拟变量系数大于 2009 年（模型（4）损失率 θ = 0.75 时除外），这说明随着我国银行业的发展，我国系统重要性银行如果出现危机，其导致的系统性损失在不断增大，且在全球金融危机期间的系统性损失更大。

表 4-10　系统性损失的影响因素

因变量	系统性损失 $\ln L_{s\|k}^{t}$			
	（1）	（2）θ = 0.25	（3）θ = 0.5	（4）θ = 0.75
asset_weight	0.5671 (0.513)	1.2331 (3.034)	1.8613 (4.404)	-0.0087 (4.138)
liability_weight	14.4417*** (0.538)	20.2069*** (3.356)	18.2642*** (5.038)	9.0340** (4.078)
size_weight	-0.0820 (0.344)	1.3817 (1.765)	1.0563 (2.658)	-2.7527 (2.736)
θ	5.1146*** (0.045)			
year2	0.7530*** (0.031)	0.6231*** (0.189)	1.1894*** (0.273)	0.8282** (0.317)
year3	0.6689*** (0.029)	0.1347 (0.113)	0.8273*** (0.280)	0.9918*** (0.352)
Constant	2.4208*** (0.040)	3.8002*** (0.155)	4.7258*** (0.290)	6.6885*** (0.417)
Observations	4356	44	44	44
Adjusted R-squared	0.785	0.706	0.403	0.256
Prob > F	0.0000	0.0000	0.0000	0.0104

综合本章的计量分析结果表明，与银行资产规模相比，银行间负债关联程度是决定银行系统重要性的更为重要的因素。

与其他银行负债关联程度高的系统重要性银行，不但更容易诱发系统性危机，而且其破产导致的其他银行破产数和资本损失较大。这与 Drehmannand 和 Tarashev（2011b）的研究结论相似，他们认为银行的系统重要性主要取决于银行在银行间网络中的作用。

第五节 结论与政策建议

虽然巴塞尔委员会在巴塞尔Ⅲ中已明确指出，系统重要性银行之间的过度关联使这次全球金融危机的冲击在金融系统以及经济之间传导，导致了这次危机破坏程度极深、影响范围非常广（Basel Committeeon Banking Supervision，2010），但现有关于系统性金融风险以及系统重要性银行衡量理论研究和监管实践，关注更多的是“大而不倒”（即规模）问题，对系统重要性金融机构的关联性问题仍然不够重视。

本章首先构建了一个网络模型，深入分析了关联性对银行系统重要性的影响。模型表明，与其他银行的负债关联程度是影响银行系统重要性的重要因素。通过银行间负债与其他银行关联性高的银行不但容易引发系统性危机，而且会导致银行破产数目和系统性损失大。其次，提出了一种适合中国国情的系统重要性银行衡量方法，监管当局可以采用该方法根据我国的具体国情设定关注的临界值标准，对系统重要性银行进行甄别和有效监管。

本章利用 2007~2009 年我国银行的资产负债表数据模拟结果表明，无论是按照各银行作为危机的可能诱发因素所导致的银行破产数目还是银行部门资本损失来定义系统重要性银行，我国五大国有商业银行基本都具有系统重要性。值得注意的是，通过银行间负债与其他银行联系紧密的股份制商业银行、政策性银行以及城市商业银行，如果发生倒闭也能诱发其他银行破产、造成较大的系统性损失（超过 2007 年银行部门总资本的 30%）。其中，个别银行的损失率临界值甚至低于部分国有商业银行，也就是说一旦其破产将更容易诱发系统性危机。因此，它们的系统重要性不应被低估。从这个意义上讲，如果简单地仅把国有商业银行定义为系统重要性银行，对于维护我国银行部门的稳健与安全显然是不够的。

通过对银行系统重要性的影响因素计量分析表明，通过银行间负债与其他银行关联程度较高的银行，诱发系统性危机的损失率临界值较低，即更容易诱发系统性危机。并且，银行间负债是影响银行破产数和系统性损失的重要因素，通过银行间负债与其他银行关联程度较高的银行，一旦出现问题将导致较多的银行破产和较大的银行部门资本损失。与银行资产规模相比，银行间负债关联程度是决定银行系统重要性的更为重要的因素。从这个意义上讲，若简单地把资产规模作为衡量银行系统重要性的首要因素，忽视对银行关联性问题的足够重视，对于维护我国银行部门的稳健与安全显然是不够的，加强对那些在规模上不是最大，但与其他银行联系紧密，尤其是对其他银行负债较高的银行进行监管是非常必要的。在增强对我国系统重要性银行的监管时，规模固然需要关注，关联性尤其是银行间的负债关联程度更需紧密关注。

【第五章】

基于市场数据的中国系统性金融风险测度与宏观审慎监管①

第一节　基于市场数据的系统性风险与边际风险贡献测度方法

一、基于市场数据的系统性金融风险测度方法述评

2007~2009 年的全球金融危机的教训表明，金融机构的行为及其产生的金融风险均具有明显的外部性。金融机构出于自身风险与收益最优匹配的竞争性决策结果，对于整个社会来说也许并不是最优的选择。譬如，虽然单个金融机构通过扩大其资

① 本章主体部分已发表于《南开经济研究》2011 年第 4 期，原题为《我国金融机构的系统性风险贡献测度与监管——基于边际风险贡献与杠杆率的研究》。

产负债表、表外业务规模和提高杠杆率来增加利润，并通过金融创新等手段控制了自身风险，但是整个金融体系内的风险并没有因此消失，而只是发生了转移与重新分配。随着金融机构资产负债表、表外业务规模和杠杆率的增大，系统性风险在金融体系内不断积聚。为此，由于金融机构行为的外部性，单个金融机构健康并不意味着整个金融系统势必安全（Borio，2003），由美国次贷危机引发的这次国际金融危机便是一个很好的例证。此外，尤为重要的是随着现代金融业的不断发展，金融机构相互之间的网络关联程度通过各种纽带不断增强并日趋复杂，单个金融机构一旦发生危机，其个体风险将通过资产负债关联、投资者非理性的“羊群效应”以及市场预期等形式迅速传染给其他金融机构，使金融机构风险的外部性影响进一步被放大，甚至对整个金融系统造成灾难性的破坏与巨大的系统性损失，并严重危害整个经济社会的稳健与顺利运行。

此次全球金融危机爆发后，相关国际组织、各国监管当局与学者们广泛认识到金融机构风险所具有的外部性特征对金融系统稳定与安全的危害，以及由此引发的一系列金融监管问题（BCBS，2009，2010；Acharya et al.，2010；周小川，2011），并对金融机构风险外部性的原因从理论上进行了广泛的阐释（Allen and Gale，2007；Acharya and Yorulmazer，2007；Brunneremeier and Pedersen，2009；Diamond and Rajan，2005；Pedersen，2009）。

解决金融机构的风险外部性问题，一个重要的途径是根据金融机构风险的外溢程度或对系统性风险的贡献程度征税或者提出额外的监管要求，如额外资本要求等。金融机构为了减少税负支付，在行为决策时将不得不考虑其风险导致的外部性问题，从而金融机构的风险外部性将被内部化（Acharya et al.，

2010）。上述监管制度的设计与实施，一个须解决的首要问题是准确测度单个金融机构风险对整个金融系统的影响，即危机后被广泛关注的单个金融机构对系统性风险贡献程度。然而，在此次全球金融危机爆发前，各国金融机构、金融监管当局以及学者们在测度金融机构风险时，大多只是孤立地考察单个金融机构公司层面的风险，忽视了对系统性风险贡献程度的足够重视。

鉴于此，关于系统性金融风险以及金融机构对系统性金融风险贡献程度测度的研究，在这次全球金融危机后已成为全球金融监管改革的重要内容之一。鉴于传统测度方法的缺陷，危机爆发后，监管当局和学者们提出了一系列测度系统性风险和单个金融机构边际风险贡献的方法，这些方法主要可以分为以下两大类：

第一类是基于金融机构之间实际资产负债关联的网络分析法（Network Analysis Approach）。网络分析法利用银行间的双边资产负债敞口，通过模拟银行网络体系中单个或多个银行作为系统性风险诱发因素导致的银行破产数量、破产损失以及诱发系统性危机的难易程度来衡量银行体系的传染风险（Degryse and Nguyen，2007；Upper，2007；Mistrulli，2011；Upper，2011；马君潞等，2007），以及单个银行对银行部门的系统性风险贡献和相对系统重要性程度（IMF 等，2009；范小云等，2011）。在网络分析法中，主要是利用实际的银行间资产负债数据估计银行之间的双边关联关系，因此该方法主要用来测度银行部门的系统性风险、单个银行的系统重要性以及对系统性风险的贡献程度。此外，在实际应用中除了少数国家（意大利、匈牙利、墨西哥），银行之间的实际双边敞口数据一般难以获得，因此现有关于银行间风险传染的研究，主要是利用最大熵方法通过可以观察到的单个银行的总银行间资产和负债来估计银行之间的双边关联关系（Upper，2007），数据的难以获得使该方法的实用性降低。此外，资产负债数据可得的频率往往较低，通常公开可得的最高频率数据为季度数据，这对于监管当局及时把握系统性金融风险的变化而言存在一定的时滞缺陷。

第二类是利用金融市场数据（包括金融机构的股票价格、信贷违约互换、CDS 价差等）的简式法（Reduced-form Approach）。该方法由衡量证券组合风险的方法发展而来，主要是通过将整个系统看成是机构的组合来衡量系统性风险。这种方法可以用来识别组成系统的各机构的共同风险因素，跟踪一个机构出现问题将如何影响其他机构，以及度量单个银行对整个系统的风险贡献以及银行系统性风险状况（Chan-Lau and Amadou，2007）。这类方法的优点在于：首先，采用公开的市场数据——通常为对单个银行风险敏感的证券、金融衍生品的公开市场数据（包括银行的股票价格、信贷违约互换、CDS 价差等），对于金融市场发达的国家来说数据容易获得（IMF、BIS、FSB，2009a；Acharya et al.，2010）；其次，由于市场数据反映了对银行未来表现的预期，因而具有前瞻性（Duffie et al.，2009；Huang et al.，2009）；最后，采用频率较高的市场数据能够及时反映系统性风险在时间维度上的变化状况（Huang et al.，2009），有利于及时进行风险控制与监管。因此，基于金融机构股票收益率等金融市场数据的系统性风险测度方法在此次危机后受到了学术界和监管当局的广泛青睐。简式法主要可以分为两种：第一种方法是通过考察金融机构股票收益率的相关性变化来衡量金融部门的系统性风险，如 Huang 等（2009）、刘红忠等（2011）等的研究。该方法虽然能够识别系统性风险变化状况，但是难以用来衡量单个金融机构对整个金融系统或其他金融机构的风险贡献程度。第二种方法主要通过金融机构资产收益在统计上的“尾部行为”（Statistical Tail Behavior），来测度系统性风险以及金融机构对整个金融系统或其他金融机构的风险贡献程度（或风险外溢性），该方法又可以分为“自下而上”（Bottum–Up）分析法和“自上而下”（Up–Bottum）分析法（Drehmann and Tarashev，2011）。“自下而上”分析法以单个金融机构的破产为条件来估计整个金融系统的系统性风险，这类方法主要包括 Adrian 和 Brunnermeier（2009）基于风险价值（VaR）提出的条件风险价值（CoVaR）等。条件风险价值（CoVaR）方法虽然能够测度金融机构对整个系统的风险贡献，并能很好地反映整个金融网络间的风险溢出效应（Adrian and Brunnermeier，2009），但是条件风险价值（CoVaR）在测度系统性风险和单个金融机构的边际风险贡献时，和风险价值（VaR）一样仍然只考虑损失分布的 α 分位数，因而不能很好地捕捉条件风险价值（CoVaR）门限值以下极端情况下的尾部风险，并且不具有可加性，也就难以通过单个金融机构的风险贡献加总来估计整个金融系统所面临的系统性风险（Adrian and Brunnermeier，2009；Gauthier et al.，2010）。“自上而下”分析法先推导出系统性风险，然后通过某种分配方式将此系统性风险分配给单个金融机构，如 Acharya 等（2010）基于期望损失（ES）提出的系统性期望损失（SES）和边际期望损失（MES）方法。系统性期望损失（SES）和边际期望损失（MES）不但度量了门限值（损失分布的 α 分位数）以外的所有损失，具有可加性，很好地解决了条件风险价值（CoVaR）存在的问题，而且考虑了金融机构杠杆率对系统性风险和金融机构的边际风险贡献的影响，并基于微观经济理论模型和极值理论证明了可以通过未发生金融危机时各金融机构的边际期望损失和杠杆率，来预测发生系统性金融危机时金融机构对整个系统的边际风险贡献（Acharya et al.，

2010），更重要的是该方法与宏观审慎监管理论很好地吻合，监管当局可以通过加强对那些边际风险贡献大和杠杆率高的金融机构的有效监管，实现减少系统性风险和防范金融危机爆发的监管目的。为此，危机后系统性期望损失（SES）和边际期望损失（MES）方法得到了学者们的广泛推崇（Brownlees and Engle，2010；Tarashev et al.，2011）。此外，Billio等（2012）等学者认为可以通过考察金融机构股价的相关性来考察与反映系统性风险的变化。

近年来，国内许多学者采用该方法，以及基于该方法的改进方法，对我国银行系统性金融风险或金融系统性金融风险进行了广泛的应用性研究，其中代表性的研究主要有：①高国华和潘英丽（2011）、李志辉和樊莉（2011）、肖璞（2012）、白雪梅和石大龙（2014）、陈守东和王妍（2014）、陈建青等（2015）等基于CoVaR及其相关改进方法的研究；②范小云等（2011）、赵进文和韦文彬（2012）、赵进文等（2013）、彭建刚等（2014）等基于系统性期望损失（SES）和边际期望损失（MES）方法及其相关改进方法的研究；③刘红忠等（2011）等、陈梾等（2012）、高国华和潘英丽（2013）、梁琪等（2013）、郑振龙等（2014）、谢远涛等（2014）、文凤华等（2015）、荆中博等（2016）等通过考察金融机构股价的相关性来研究系统性金融风险或系统性传染风险。

二、基于市场数据的系统性风险及边际风险贡献测度的理论与方法：MES与SES

1. 系统性损失与金融机构的边际风险贡献

此次全球金融危机爆发后，Acharya等（2010）将测度单个金融机构风险的方法——期望损失（ES）推广到整个金融系统，提出了利用金融机构的边际期望损失（MES）和系统性期望损失（SES），测度市场未发生金融危机时和系统性危机时期金融机构对整个金融系统风险（或损失）的边际贡献程度。

设金融系统由 N 个金融机构组成，那么整个金融系统的收益 R 可以分解为单个金融机构的收益 r_i 的加权和，即 $R = \sum_i y_i r_i$，其中 y_i 为单个金融机构 i 占整个系统的权重，于是 $1-\alpha$ 在置信水平下整个金融系统的期望损失可以表示为：

$$ES_\alpha = -\sum_i y_i E[r_i | R \leqslant -VaR_\alpha] \quad \text{式（5-1）}$$

单个金融机构对整个金融系统的风险（或损失）边际贡献为：

$$MES_\alpha^i \equiv \frac{\partial ES_\alpha}{\partial y_i} = -E[r_i | R \leqslant -VaR_\alpha] \quad \text{式（5-2）}$$

设 a^i 和 w_1^i 分别表示单个金融机构的总资产和第 1 期的资本，那么整个金融系统的总资产和第 1 期的总资本可以分别表示为 $A = \sum_{i=1}^{N} a^i$ 和 $W_1 = \sum_{i=1}^{N} w_1^i$。设当整个金融系统的总资本低于总资产的比例 z（如金融监管机构规定的资本充足率）时，为系统性危机事件（$W_1 < zA$）。根据 Acharya 等（2010）的定义，单个金融机构的系统性期望损失（SES^i）等于发生系统性危机事件（$W_1 < zA$）时，金融机构的权益资本 w_1^i 低于其目标水平（为资产 a^i 的比例 z）的数量，即 SES^i 的数学定义式可以表示为：

$$SES^i \equiv E[za^i - w_1^i | W_1 < zA] \quad \text{式（5-3）}$$

由式（5-3）易知，金融机构 i 的系统性期望损失（SES^i）度量了发生系统性危机时，它对整个金融系统期望损失（或系统性危机）的边际贡献程度。

2. 金融机构的系统性期望损失与边际期望损失的联系

金融机构 i 的系统性期望损失 SES^i 衡量的是整个金融系统发生系统性事件（Acharya 等（2010）将其定义为十年才发生一两次或甚至更少的极端尾部事件）时，单个金融机构对整个金融系统风险（或期望损失）的边际贡献。金融机构 i 的边际期望损失（MES^i_α）衡量的是在未发生危机时市场表现最差的 α%状况下（I_α，α 通常取 5%），单个金融机构对整个金融系统风险（或期望损失）的边际贡献，如 $MES^i_{5\%}$表示在未发生金融危机时的一段时间内市场日收益处于最坏的 5%（即 α = 5%）时，单个金融机构的边际风险贡献：

$$MES^i_{5\%} \equiv -E\left[\frac{w^i_1}{w^i_0} - 1 \middle| I_{5\%}\right] \qquad 式（5-4）$$

对于监管者来说，重要的是能否通过在金融市场没有发生危机的情况下金融机构的表现，来获得金融机构在金融系统处于极端尾部事件（比如这次百年一遇的全球金融危机）时的边际风险贡献（或对整个金融系统损失的贡献程度）信息，以便提前加强监管或在危机初期实施及时的救助，防范系统性金融危机的爆发和减少危机造成的损失。幸运的是，Acharya 等（2010）基于经济模型和极值理论证明了可以通过未发生金融危机时各金融机构的边际期望损失和杠杆率，来预测发生系统性金融危机时金融机构对整个系统的边际风险贡献，其研究表明金融机构 i 的系统性期望损失 SES^i 同边际期望损失$MES^i_{5\%}$、杠杆率之间存在如下联系：

$$\frac{SES^i}{w^i_0} = \frac{za^i - w^i_0}{w^i_0} + kMES^i_{5\%} + \Delta^i \qquad 式（5-5）$$

即金融机构 i 的系统性期望损失 SES^i 可以分解成为超额杠杆 $\left(\frac{za^i}{w^i_0} - 1\right)$、未发生危机时市场表现最差的 5%状况下的边际期望损失（$MES^i_{5\%}$）和调整项 Δ^i[①]。式（5-5）表明，在未发生危机时市场表现最差的5%状况下边际期望损失 $MES^i_{5\%}$较大、杠杆率较高的金融机构，在系统性金融危机期间对整个金融系统的边际风险贡献较大。

3. 计量模型设定

为了检验未发生危机时市场表现最差的5%状况下边际期望损失 $MES^i_{5\%}$较大、杠杆率较高的我国金融机构，是否也在系统性金融危机期间对我国金融系统的边际风险贡献较大，本章建立如下计量模型：

$$SES^i = \alpha_0 + \alpha_1 Leverage + \alpha_2 MES^i + \alpha_3 industry1 + \alpha_4 industry2 + \varepsilon \quad 式（5-6）$$

其中，SES^i 为金融机构 i 在金融市场处于极端尾部事件（系统性金融危机）时期的系统性期望损失，Leverage 为杠杆率等于总资产/权益，industry1 和 industry2 为行业虚拟变量（industry1 = 1 表示证券公司、industry2 = 1 表示保险公司）。MES^i 的计算借鉴 Acharya 等（2010）的做法，先确定给定时间区间内市场收益5%最差的日期（天），然后计算这些天内任意给定金融机构股票收益率（R^i）平均值的相反数[②]，公式如下：

$$MES^i_{5\%} = -\frac{1}{\#days}\sum_{t:\text{system is in its 5\% tail}} R^i_t \quad 式（5-7）$$

① 调整项 Δ^i 的主要组成部分为 $E[\phi^i | W_1 < zA] - kE[\phi^i | I_{5\%}]$。

② 市场收益 5%最差的日期金融机构的股票收益率（R^i）为负，因此取相反数后为正。

第二节　中国系统性金融风险及金融机构边际风险贡献分析

一、数据说明以及系统性期望损失、边际期望损失和杠杆率的描述性统计

关于 SES^i 的测算本章借鉴 Acharya 等（2010）的做法，采用此次金融危机期间各金融机构的实际股票收益率作为这一时期各金融机构的实际系统性期望损失①。此次金融危机在 2007 年底才对我国金融市场产生较大影响，至 2009 年初我国政府实行大规模的经济刺激政策后，此次危机对我国金融市场的影响基本接近尾声（股票市场开始大幅反弹），鉴于此，本章以 2008 年 1~12 月各金融机构的股票收益率作为实际系统性期望损失。出于稳健性的考虑还以沪深 300 最高点（5891.72）出现日期 2007 年 10 月 17 日至沪深 300 最低点（1606.73）出现日期 2008 年 11 月 4 日，计算了各金融机构的实际系统性期望损失。

在测算 MES^i 时要求的时间跨度一般不能太短，最好不要低于 1 年，否则会导致计算 MES^i 时区间内市场收益最差的 5%天数过少，从而会严重影响 MES^i 的稳健性。但在 2008 年危机前 1 年左右（即 2007 年左右）我国在 A 股市场已经上市的银行、证

① 由于美国金融市场在 2007 年 7 月后便开始受到次贷危机的较大影响，Acharya 等（2009）选取 2007 年 7 月至 2008 年 12 月作为其实际系统性期望损失的样本区间。

券和保险公司仅有 10 家（7 家银行、2 家证券公司和 1 家保险公司）①，若选取 2007 年 1~12 月作为样本区间计算 MES^i，会因样本太少而影响本书结论的稳健性。对这 10 家上市公司危机前 2007 年第一季度至第四季度的 MES^i 与危机后 2009 年第一季度至第四季度、2010 年第一季度至第四季度的 MES^i 的相关性检验表明（见表 5-1），2007 年与 2009 年的 MES^i、2007 年与 2010 年的 MES^i 分别在 5%和 10%水平上显著相关，这说明我国金融机构在危机后与危机前的 MES^i 存在较好的相关性，且相隔时间越近相关性越强。此外，本章旨在检验在未发生金融危机时市场表现最差的 5%状况下对我国金融系统风险贡献（$MES^i_{5\%}$）大、杠杆率高的金融机构，是否在系统性金融危机发生时对金融系统风险边际贡献大，因此选取了上市金融机构数目较多、时间跨度较长的 2009 年 1 月至 2010 年 12 月作为测算我国金融机构在未发生危机时市场表现最差的 5%状况下边际期望损失 $MES^i_{5\%}$ 和杠杆率的样本区间，共 24 家上市金融机构（包括 14 家银行、7 家证券公司、3 家保险公司）。出于稳健性的考虑，采用 1 年作为固定样本窗口，采用逐季度滚动此固定样本窗口的方法做

表 5-1 次贷危机前后中国已上市金融机构的边际期望损失的相关性检验结果

	MES^i 2007Q1~Q4	MES^i 2009Q1~Q4	MES^i 2010Q1~Q4
MES^i 2007Q1~Q4	1.0000		
MES^i 2009Q1~Q4	0.7493*** (0.0126)	1.0000	
MES^i 2010Q1~Q4	0.5743* (0.0825)	0.8333*** (0.0027)	1.0000

注：括号内为显著性水平，***、**、* 分别代表 1%、5%、10%水平上显著，以下表余同。

① 2007 年前我国在 A 股市场已经上市的银行、证券和保险公司包括：中国工商银行、中国银行、深圳发展银行、招商银行、浦东发展银行、兴业银行、民生银行、宏源证券、中信证券，加上 2007 年 1 月初上市的中国人寿总共 10 家。

了稳健性分析。我国金融机构既有在沪市上市的，又有在深市上市的，因此本章选取中证沪深 300 指数收益率作为测算 MES^i 的市场收益率，并以中证沪深 300 金融指数的收益率作稳健性分析。本章采用杠杆率为样本区间内的算术平均值。本章所采用的数据均来源于 Wind 数据库。

表 5-2 为我国金融机构的系统性期望损失、边际期望损失和杠杆率的描述性统计结果。表 5-2 表明，在此次百年一遇的全球金融危机中，我国保险公司的实际系统性期望损失最高（高达约-0.7234），其次为证券公司（平均约为-0.6889），我国银行的实际系统性期望损失最低（平均约为-0.629）。无论是基于中证沪深 300 指数还是中证沪深 300 金融指数收益率计算的金融机构的边际期望损失 $MES^i_{5\%}$ 和 $FMES^i_{5\%}$，我国证券公司的边际期望损失都最大（平均为 6.3%左右），其次为保险公司（平均为 4.5%左右），银行的边际期望损失最小（仅为 4.3%左右）。我国金融机构的杠杆率的行业差别也很大，其中银行的杠杆率最高（高达 19.37 左右），其次为保险公司（约为 7.41），杠杆率最低的为证券公司（仅为 3.31 左右，远低于银行和保险公司）。

表 5-2 主要变量的描述性统计

变量名称	行业	观测数	均值	方差	最小值	中位数	最大值
系统性期望损失 SES^i	证券	7	-0.6889207	0.0650544	-0.763411	-0.6931193	-0.5814126
	保险	3	-0.723389	0.0531002	-0.7677433	-0.7378744	-0.6645492
	银行	14	-0.6293818	0.0587192	-0.7146968	-0.6333638	-0.5426009
	合计	24	-0.6584982	0.0681541	-0.7677433	-0.6759683	-0.5426009
边际期望损失 $MES^i_{5\%}$	证券	7	0.0628657	0.0025322	0.059795	0.062922	0.067488
	保险	3	0.0440673	0.0037106	0.041814	0.042038	0.048350
	银行	14	0.0429661	0.0068104	0.028873	0.045025	0.051285
	合计	24	0.0489078	0.0106266	0.028873	0.04713	0.067488

续表

变量名称	行业	观测数	均值	方差	最小值	中位数	最大值
边际期望损失 $FMES^i_{5\%}$	证券	7	0.0635119	0.0033122	0.059429	0.063888	0.069648
	保险	3	0.0454097	0.0032905	0.042849	0.044259	0.049121
	银行	14	0.0427169	0.0067196	0.028811	0.044633	0.050542
	合计	24	0.0491187	0.010914	0.028811	0.046646	0.069648
杠杆率 Leverage	证券	7	3.314456	1.097609	2.244333	2.905535	5.412653
	保险	3	7.410831	1.756249	6.110131	6.713759	9.408602
	银行	14	19.3717	4.67565	12.4914	18.23003	28.46257
	合计	24	13.19323	8.380793	2.244333	15.01751	28.46257

注：SES^i 样本区间为 2008 年 1~12 月，其中 $MES^i_{5\%}$和 $FMES^i_{5\%}$分别为基于中证沪深 300 指数和中证沪深 300 金融指数作为市场收益率测算的金融机构 i 的边际期望损失，样本区间为 2009 年 1 月至 2010 年 12 月。

二、计量结果分析

为了检验在未发生金融危机时市场表现最差的 5%状况下边际风险贡献（或边际期望损失 $MES^i_{5\%}$）和杠杆率较高的我国金融机构，是否在系统性金融危机期间对金融系统的边际风险贡献——实际系统性期望损失（SES^i）较大，先选取此次全球金融危机最严重的 2008 年 1~12 月作为测算实际系统性期望损失 SES^i 的样本区间，以 2009 年 1 月至 2010 年 12 月作为测算未发生金融危机时市场表现最差的 5%状况下的边际期望损失的 $MES^i_{5\%}$ 样本区间，实际系统性期望损失 SES^i 与未发生金融危机时市场表现最差的 5%状况下的边际期望损失 $MES^i_{5\%}$的散点图（见图 5-1）表明，SES^i 与 $MES^i_{5\%}$存在较好的负相关关系，即 $MES^i_{5\%}$较大的金融机构系统性期望损失较大。

表 5-3 列出了采用最小二乘法（OLS）回归的结果。模型（2）~模型（4）显示，边际期望损失 $MES^i_{5\%}$和杠杆率 lnLVG 的回

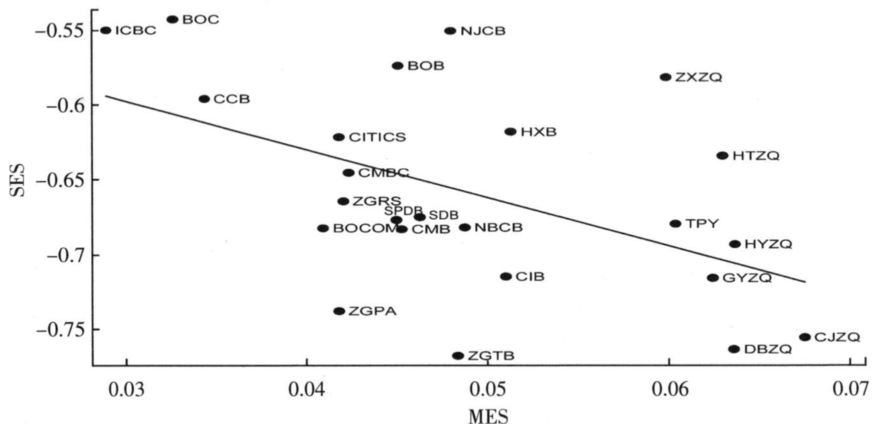

图 5-1 中国金融机构的边际期望损失 $MES^i_{5\%}$与实际系统性期望损失 SES^i

注：SES^i的样本区间取 2008 年 1 月 2 日至 2008 年 12 月 31 日；$MES^i_{5\%}$的样本区间取 2009 年 1 月 5 日至 2010 年 12 月 31 日；样本包括 14 家银行、7 家证券公司、3 家保险公司。

归系数在 5%的显著性水平上均显著为负，表明我国边际期望损失 $MES^i_{5\%}$和杠杆率较高的金融机构在危机中的实际系统性期望损失 SES^i 较高，也就是说，杠杆率较高且未发生金融危机时市场表现最差的 5%状况下对整个金融系统风险边际贡献较大的金融机构，在金融危机期间对金融系统风险的边际贡献较高。这与 Acharya 等（2010）对美国金融机构的研究结果一致。模型（4）结果显示，边际期望损失 $MES^i_{5\%}$系数为-4.65，表示我国金融机构在未发生金融危机时市场表现最差的 5%状况下的边际期望损失每增加 1 个单位，将使得危机期间的系统性期望损失增加 4.65 个单位；杠杆率系数为-0.1057，表示我国金融机构的杠杆率每增加 1，将使得该金融机构在危机期间的系统性期望损失增加 10.57%。此外，模型（4）表示证券公司和保险公司的行业虚拟变量 industry1 和 industry2 在 10%的水平上也显著为负，表明在危机期间我国的证券公司和保险公司比银行对整个金融系统的边际风险贡献程度更大。

在此次全球金融危机爆发前，各国金融机构和监管当局大多采用风险价值（VaR）作为衡量金融机构风险的主要方法。为了比较边际期望损失 $MES^i_{5\%}$、杠杆率方法与风险价值（VaR）方法，表 5-3 中模型（1）报告了采用历史模拟法计算的风险价值（VaR）作为解释变量的回归式①。结果表明，VaR 系数显著为负，表明在未发生金融危机时市场表现最差的 5%状况下风险价值（VaR）较高的金融机构，在此次金融危机期间对于整个金融系统的风险贡献较高。此外，回归结果也表明运用边际期望损失 $MES^i_{5\%}$和杠杆率方法的拟合优度（0.566）比运用 VaR 法的拟

表 5-3　实际系统性期望损失与边际期望损失（1）

变量	被解释变量：金融机构的系统性期望损失 SES^i (SES 样本区间：2008 年 1~12 月)			
	（1）	（2）	（3）	（4）
VaR	−6.6735*** (2.326)			
$MES^i_{5\%}$		−5.8688*** (1.987)		−4.6498** (1.795)
ln LVG			−0.1315*** (0.043)	−0.1057** (0.039)
industry1	0.0245 (0.038)	0.0572 (0.046)	−0.2939*** (0.081)	−0.1553* (0.089)
industry2	−0.0668* (0.034)	−0.0875** (0.033)	−0.2193*** (0.052)	−0.1896*** (0.048)
Constant	−0.3981*** (0.082)	−0.3772*** (0.086)	−0.2430* (0.128)	−0.1191 (0.122)
Observations	24	24	24	24
Adjusted R-squared	0.422	0.431	0.442	0.566
Prob > F	0.00283	0.00239	0.00200	0.000416

注：括号内为标准误，***、**、* 分别代表 1%、5%、10%水平上显著（以下各表同）；$MES^i_{5\%}$ 的测算选取中证沪深 300 指数作为市场收益率。

① 历史模拟法利用资产收益的历史数据模拟未来情景，它不对资产收益的未来分布作出假设，将情景集中的资产收益排序后，对于给定显著性水平 α，取 α 水平分位数即为 VaR 值。

合优度（0.422）高很多，这说明运用我国金融机构在未发生金融危机时的边际风险贡献和杠杆率将能更好地预测哪些金融机构在危机期间对整个系统的风险边际贡献较大。

三、稳健性检验

为了考察分析结果的稳健性，我们从以下几个方面进行了稳健性检验：

首先，选取中证沪深 300 金融指数作为市场收益率测算了金融机构的边际期望损失（为了区别以 $FMES^i_{5\%}$表示）。基于中证沪深 300 金融指数测算的未发生金融危机时市场表现最差的 5%状况下的边际期望损失 $FMES^i_{5\%}$，与实际系统性期望损失 SES^i 的散点图（见图 5-2）表明，$FMES^i_{5\%}$与 SES^i 也存在较好的负相关关系，即边际期望损失较高的金融机构在危机中的实际系统性期望损失较大。回归结果也表明（见表 5-4），基于中证沪深 300 金融指数计算的我国金融机构的边际期望损失 $FMES^i_{5\%}$和杠杆率

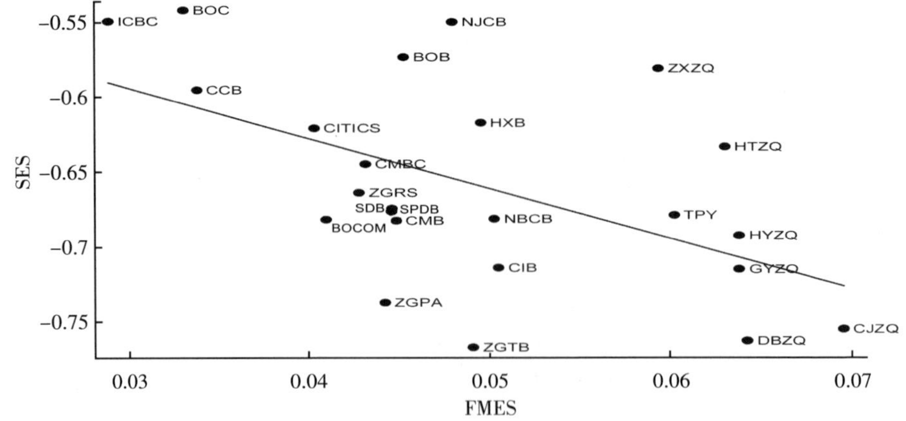

图 5-2　中国金融机构的边际期望损失 $FMES^i_{5\%}$与实际系统性期望损失 SES^i

注：SES^i 的样本区间取 2008 年 1 月 2 日至 2008 年 12 月 31 日；$FMES^i_{5\%}$的测算选取中证沪深 300 金融指数作为市场收益率，样本区间取 2009 年 1 月 5 日至 2010 年 12 月 31 日。

表 5-4　实际系统性期望损失与边际期望损失（2）

变量	被解释变量：金融机构的系统性期望损失 SES^i（SES 样本区间：2008 年 1~12 月）			
	（1）	（2）	（3）	（4）
VaR	-6.6735^{***} (2.326)			
$FMES^i_{5\%}$		-6.1862^{***} (1.926)		-5.0782^{***} (1.708)
lnLVG			-0.1315^{***} (0.043)	-0.1057^{**} (0.038)
industry1	0.0245 (0.038)	0.0691 (0.046)	-0.2939^{***} (0.081)	−0.1422 (0.085)
industry2	-0.0668^{*} (0.034)	-0.0773^{**} (0.032)	-0.2193^{***} (0.052)	-0.1810^{***} (0.046)
Constant	-0.3981^{***} (0.082)	-0.3651^{***} (0.083)	-0.2430^{*} (0.128)	−0.1021 (0.118)
Observations	24	24	24	24
Adjusted R-squared	0.422	0.461	0.442	0.599
Prob > F	0.00283	0.00143	0.00200	0.000203

注：边际期望损失 $FMES^i_{5\%}$ 的测算选取中证沪深 300 金融指数作为市场收益率。

lnLVG 系数在 5%水平上均显著为负，进一步表明在未发生金融危机时对我国金融系统性风险边际贡献较大、杠杆率较高的金融机构，在金融危机中的系统性风险边际贡献也较大。同时运用边际期望损失和杠杆率测度方法的模型（4）的拟合优度比运用风险价值法的模型（1）的拟合优度明显提高，进一步验证了边际期望损失和杠杆率方法能更好地测度金融机构在金融危机中对整个系统性的风险边际贡献。

其次，考虑到对于这次国际金融危机期间我国金融机构实际系统性损失样本区间的选取，可能会对本章结论产生影响，为此本章又选取了此次国际金融危机前沪深 300 最高点（5891.72）出现日期（2007 年 10 月 17 日）至此次危机爆发后沪深 300 最低点（1606.73）出现日期（2008 年 11 月 4 日）作为测度金融机构实际系统性期望损失（SES^i）的样本区间，并分别以 2009 年 1 月至 2010 年 12 月中证沪深 300 指数（见表 5-5）和中证沪深 300 金融指数（见表 5-6）作为市场收益率测算我国金融机构的边际期望损失。回归结果（见表 5-5 和表 5-6）显示，边际期望损失和杠杆率均通过了 5%的显著性水平，符号为负，进一步表明在未发生金融危机时对我国金融系统风险边际贡献较大、杠杆率较高的金融机构，在金融危机中的系统性风险边际贡献较大。此外，无论是以中证沪深 300 指数还是以中证沪深 300 金融指数作为市场收益率，运用边际期望损失和杠杆率方法的拟合优度（见模型（4））均比运用风险价值法的拟合优度明显提高，进一步表明了关于边际期望损失和杠杆率测度方法比 VaR 方法能更好地识别哪些金融机构在危机中对系统性风险边际贡献更大的结论也是稳健的。同时，表 5-5 和表 5-6 的结果显示，证券公司和保险公司的行业虚拟变量 industry1 和 industry2 在 5%的显著性水平上均显著为负，表明上述关于在危机期间我国的证券公司和保险公司比银行对整个金融系统的边际风险贡献程度更大的结论也比较稳健。

表 5-5　实际系统性期望损失与边际期望损失（3）

变量	被解释变量：金融机构的系统性期望损失 SES^i（SES 样本区间：此次危机沪深 300 最高点日至最低点日）			
	（1）	（2）	（3）	（4）
VaR	-11.5597^{***} (3.350)			
$MES^i_{5\%}$		-8.5666^{**} (3.162)		-6.0350^{**} (2.558)
lnLVG			-0.2406^{***} (0.064)	-0.2005^{***} (0.059)

续表

变量	被解释变量：金融机构的系统性期望损失 SES^i（SES 样本区间：此次危机沪深 300 最高点日至最低点日）			
	（1）	（2）	（3）	（4）
industry1	0.0898 (0.058)	0.1139 (0.076)	-0.4661*** (0.116)	-0.2796** (0.129)
industry2	-0.0830 (0.055)	-0.1216* (0.059)	-0.3208*** (0.076)	-0.2924*** (0.068)
Constant	-0.2621** (0.118)	-0.2946** (0.137)	0.0442 (0.188)	0.1857 (0.176)
Observations	20	20	20	20
Adjusted R-squared	0.428	0.316	0.472	0.590
Prob > F	0.00734	0.0283	0.00394	0.00130

注：边际期望损失 $MES^i_{5\%}$ 的测算选取 2009 年 1 月至 2010 年 12 月的中证沪深 300 指数作为市场收益率。

表 5-6 实际系统性期望损失与边际期望损失（4）

变量	被解释变量：金融机构的系统性期望损失 SES^i（SES 样本区间：此次危机沪深 300 最高点日至最低点日）			
	（1）	（2）	（3）	（4）
VaR	-11.5597*** (3.350)			
$FMES^i_{5\%}$		-8.8546** (3.150)		-6.5087** (2.482)
lnLVG			-0.2406*** (0.064)	-0.2014*** (0.056)
industry1	0.0898 (0.058)	0.1237 (0.077)	-0.4661*** (0.116)	-0.2687** (0.125)
industry2	-0.0830 (0.055)	-0.1053* (0.059)	-0.3208*** (0.076)	-0.2814*** (0.066)
Constant	-0.2621** (0.118)	-0.2844* (0.136)	0.0442 (0.188)	0.2069 (0.172)
Observations	20	20	20	20
Adjusted R-squared	0.428	0.332	0.472	0.614
Prob > F	0.00734	0.0237	0.00394	0.000835

注：边际期望损失 $FMES^i_{5\%}$ 的测算选取 2009 年 1 月至 2010 年 12 月的中证沪深 300 金融指数作为市场收益率。

最后，笔者检验了对于未发生金融危机时期的样本区间选取不同，是否会影响本章的分析结论。依次选取 2009 年第一季度至 2009 年第四季度、2009 年第二季度至 2010 年第一季度、2009 年第三季度至 2010 年第二季度、2009 年第四季度至 2010 年第三季度、2010 年第一季度至 2010 年第四季度作为未发生金融危机时期的样本区间，分别以中证沪深 300 指数（见表 5-7）和中证沪深 300 金融指数（见表 5-8）作为市场收益率，测算我国金融机构的边际期望损失，以 2008 年 1~12 月危机期间各金融机构的股票累计收益率测算各金融机构的实际系统性期望损失（SES^i）作为被解释变量。稳健性分析结果表明，边际期望损失 $MES^i_{5\%}$和杠杆率 lnLVG 系数显著性水平有所降低，这可能是由于样本区间缩小到只有一年，测算边际期望损失 $MES^i_{5\%}$时，未发生金融危机时市场表现最差的 5%状况天数过少，但在 10%水平上均显著为负。此外，表示保险公司的行业虚拟变量 industry2 前面的系数在 1%显著性水平上均显著为负；由于样本区间缩小，表示证券公司的行业虚拟变量 industry1 前面系数的显著性水平虽明显降低但均为负。综上所述，本章关于在未发生金融危机时边际风险贡献较大、杠杆率较高我国金融机构在危机期间对系统性风险边际贡献较大的结论是稳健的。

表 5-7　实际系统性期望损失与滚动边际期望损失（5）

变量	被解释变量：金融机构的系统性期望损失 SES^i（SES 样本区间：2008 年 1~12 月）				
	（1）	（2）	（3）	（4）	（5）
解释变量滚动样本区间	2009Q1~2009Q4	2009Q2~2010Q1	2009Q3~2010Q2	2009Q4~2010Q3	2010Q1~2010Q4
$MES^i_{5\%}$	−3.7462* (1.794)	−3.9134** (1.748)	−3.6008** (1.506)	−4.2410** (1.670)	−3.3423** (1.504)
ln LVG	−0.0954** (0.038)	−0.0936** (0.040)	−0.0857* (0.043)	−0.0866** (0.041)	−0.0824* (0.044)

续表

变量	被解释变量：金融机构的系统性期望损失 SES^i（SES 样本区间：2008 年 1~12 月）				
	（1）	（2）	（3）	（4）	（5）
industry1	−0.1276 (0.100)	−0.1603* (0.088)	−0.1426 (0.091)	−0.1530* (0.083)	−0.1555 (0.090)
industry2	−0.1790*** (0.047)	−0.1834*** (0.049)	−0.1760*** (0.051)	−0.1903*** (0.051)	−0.1718*** (0.053)
Constant	−0.1900* (0.105)	−0.1884 (0.112)	−0.2131* (0.120)	−0.2153 (0.130)	−0.2611* (0.132)
Observations	24	24	24	24	24
Adjusted R-squared	0.571	0.554	0.524	0.477	0.439
Prob > F	0.000371	0.000528	0.000950	0.00220	0.00409

注：边际期望损失 $MES^i_{5\%}$ 的测算选取中证沪深 300 指数作为市场收益率。

表 5-8 实际系统性期望损失与滚动边际期望损失（6）

变量	被解释变量：金融机构的系统性期望损失 SES^i（SES 样本区间：2008 年 1~12 月）				
	（1）	（2）	（3）	（4）	（5）
解释变量滚动样本区间	2009Q1~2009Q4	2009Q2~2010Q1	2009Q3~2010Q2	2009Q4~2010Q3	2010Q1~2010Q4
$FMES^i_{5\%}$	−5.5363*** (1.788)	−4.0143** (1.787)	−3.1653** (1.428)	−4.6513** (1.905)	−3.1732* (1.786)
ln LVG	−0.0593 (0.039)	−0.0953** (0.040)	−0.0889* (0.043)	−0.0784* (0.042)	−0.0960** (0.045)
industry1	−0.0709 (0.091)	−0.1773** (0.083)	−0.1671* (0.088)	−0.1557* (0.084)	−0.2135** (0.087)
industry2	−0.1430*** (0.046)	−0.1927*** (0.047)	−0.1869*** (0.051)	−0.1897*** (0.052)	−0.2015*** (0.055)
Constant	−0.2156** (0.092)	−0.1789 (0.113)	−0.2159* (0.122)	−0.2211 (0.131)	−0.2267 (0.147)
Observations	24	24	24	24	24
Adjusted R-squared	0.650	0.555	0.508	0.467	0.394
Prob > F	0.0001	0.0005	0.0013	0.0026	0.0080

注：边际期望损失 $FMES^i_{5\%}$ 的测算选取中证沪深 300 金融指数作为市场收益率。

第三节 中国金融机构边际风险贡献的动态特征

Acharya 等（2010）的测度方法，虽然考察了金融机构的边际风险贡献在横截面维度上的状况，但是并没有考虑在时间维度上的动态特征。而这次国际金融危机的教训表明，对金融机构时间维度上的监管是不可缺少的，时间维度与横截面维度已成为危机后宏观审慎监管的两个重要维度（Borio，2003，2010；BCBS，2009；BCBS，2010）。为此，要想在危机爆发前及时发现危机源头并加强对这些金融机构的监管，在危机爆发后实施及时的救助，不但需要了解我国金融机构边际风险贡献在横截面维度上的特征，还应该考虑其在时间维度上的动态变化。

为了考察我国金融机构的边际风险贡献在时间维度上的动态特征，本节选取 2007 年第一季度至 2010 年第四季度作为总样本区间，以 1 年为固定样本窗口，采用逐季度滚动的方法，分别计算了我国主要金融机构和金融部门的边际期望损失①。如图 5-3 和图 5-4 所示，我国金融机构和不同金融部门的边际风险贡献（边际期望损失）表现出如下几个特征：①具有明显的周期性，危机前边际期望损失较低，2008 年第三季度至第四季度危机最重要的时候边际期望损失最高，随后不断下降，这说明我国金融机构对金融系统的边际风险贡献具有周期性特征，在

① 我国的主要金融机构包括 2007 年前在我国 A 股市场已经上市的银行、证券和保险公司，具体包括中国工商银行、中国银行、深圳发展银行、招商银行、浦东发展银行、兴业银行、民生银行、宏源证券、中信证券，以及 2007 年 1 月初上市的中国人寿，总共 10 家金融机构。金融部门的边际风险贡献采用按金融机构市值加权的市场收益率计算。

危机中金融机构对系统性风险的边际贡献较高，而在危机前后相对较低。②我国证券公司对金融系统的风险边际贡献最大，其次为保险公司，银行的边际风险相对最小。具体而言，宏源证券、中信证券等金融机构的边际风险贡献较大，规模较小的股份制商业银行（如华夏银行、深圳发展银行等）的边际风险贡献次之，而中国工商银行和中国银行等金融机构的边际风险贡献相对较小（需要注意的是，金融机构的边际风险贡献相对较小并不意味着其对整个金融系统的总风险贡献较小，只是说明增加单位资产规模带来的系统性风险或损失较小）。③我国金融机构的边际风险贡献在危机前后的相对大小较为稳定，在危机发生前后边际风险贡献较高的金融机构其贡献在危机期间也较高。

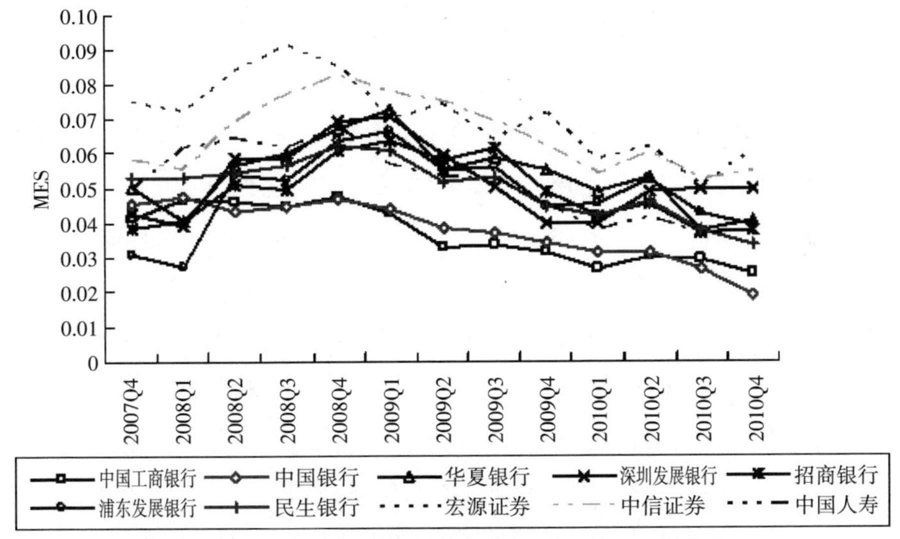

图 5-3 我国主要金融机构边际风险贡献的动态变化状况

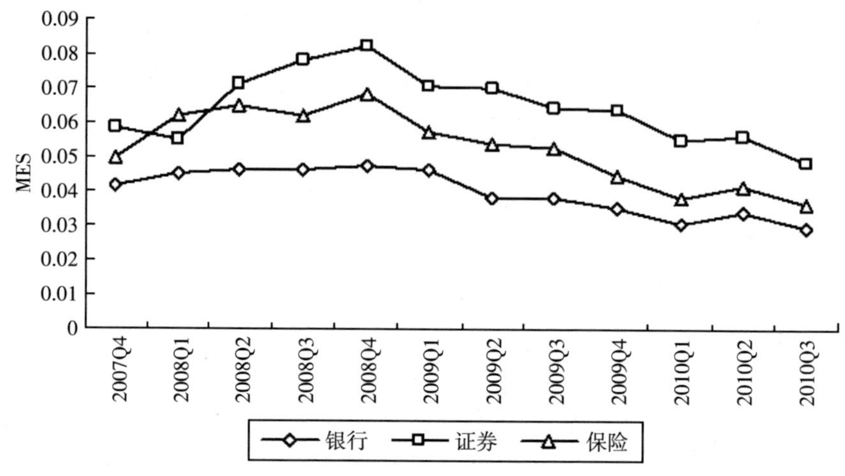

图 5-4 我国主要金融部门边际风险贡献的动态变化状况

第四节 结论与政策建议

本章借鉴 Acharya 等（2010）提出的一种基于市场数据的系统性风险测度方法，测度了此次国际金融危机期间以及危机前后，我国金融机构单位资产对整个金融系统的边际风险贡献程度。并检验了市场未发生金融危机时边际风险贡献大、杠杆率高的金融机构，是否在金融危机（比如这次百年一遇的国际金融危机）期间对系统性风险边际贡献（或对整个金融系统损失的贡献程度）较大。此外，本章还采用逐季度滚动固定样本窗口的方法，测算了我国主要金融机构和金融部门在这次危机前后的边际期望损失，从而研究我国金融机构边际风险贡献的动态特征，这更符合宏观审慎监管横截面维度和时间维度相结合的要求，而 Acharya 等（2010）的测度方法仅考察了金融机构边际风险贡献在横截面维度上的状况。

本章实证结果表明，非危机时期对金融系统边际风险贡献较大、杠杆率高的金融机构，在危机期间其单位资产对我国整个金融系统的边际风险贡献较大，即同样规模的资产导致的系统性损失较大，对金融部门的风险外溢较大，造成的外部性较强。本章采用滚动法测算的结果表明，我国金融机构的边际风险贡献呈现明显的周期性特征，危机中金融机构的单位资产对系统性风险的边际贡献最高，而危机前后相对较低。

基于本章的研究结论，本书认为要防范我国系统性金融危机的发生，应该在未发生危机时便加强对那些边际风险贡献较大、杠杆率较高的金融机构进行监管，这些金融机构不应只局限于大型国有商业银行，还应该包括那些虽然规模相对较小但是边际风险贡献较大、杠杆率较高的股份制商业银行、证券公司等金融机构。要解决我国单个金融机构风险带来的外部性问题，可以按照各金融机构的规模以及单位资产的边际风险贡献程度征税或者制定相应的监管要求，从而使金融机构的风险外部性内部化。

【第六章】

基于多源数据源的中国系统性金融风险测度与宏观审慎管理[①]

第一节　基于多源数据源的系统性金融风险测度

2007~2009 年的全球金融危机，因其破坏程度之深、影响范围之广堪称百年一遇。究其原因，一方面在于时间维度上金融体系的系统性风险自身的顺周期性特征，以及金融监管的亲周期性缺陷进一步放大了危机冲击；另一方面在于横截面维度上系统重要性银行之间的过度关联，使冲击在金融体系内部以及与实体经济之间相互传染。如何充分利用各种信息，对系统性金融风险进行时间维度上的逆周期监管，以及在横截面维度限制金融机构风险外溢的影响与系统重要性金融机构因“大而不

① 本章主体部分已发表于《金融研究》2013 年第 11 期，原题为《我国银行系统性风险的动态特征及系统重要性银行甄别——基于 CCA 与 DAG 相结合的分析》。

倒”与“联系紧密不倒”导致的道德风险尤为重要。

然而，基于资产负债数据的系统性金融风险测度方法，主要利用金融机构的实际资产负债关联数据，以及资金支付数据采用网络法进行分析。这种方法的一个重大缺陷在于仅考虑了存在资产负债关联或者资金支付关联的金融机构之间的传染风险和因这种传染风险导致的系统性金融风险；另外由于该方法采用的是至少是季度以上的频率数据，其对于金融监管局及时把握系统性金融风险的瞬息变化存在很大的时滞缺陷，这一缺陷对于金融危机的及时救助与防范危机传染范围的扩大将是一个致命弱点。因此，随着近年来计算机技术以及大数据等处理技术的日新月异，综合运用包括资产负债数据、金融市场数据，甚至包括半结构数据与非结构化数据在内的大数据等多源数据源的系统性金融风险，得到了广泛关注。

最近，由于结合市场数据与银行资产负债表数据的系统性风险管理方法，既包括了金融机构的资产负债数据，又包含了时效性比较强的金融市场数据，在现有关于系统性风险研究中包含了相对较多的信息，越来越受到学者们和各国监管当局的青睐。其中，具有代表性的方法是利用 Black Scholes 期权定价方法测度银行系统性风险的或有权益分析方法（CCA），以及在 CCA 方法上发展起来的一系列方法，如系统有权益分析方法（SCCA）等。其中，国内外代表性的应用研究主要有 Gray 等（2008）、Jobst 和 Gray（2013）、范小云等（2013）、苟文均等（2016）、李志辉等（2016）、唐文进和苏帆（2017）。此外，Cerchiello 等（2016）基于金融市场与财务信息等大数据提出了一种贝叶斯方法，分析了银行系统性风险的传染问题。

另外，基于尾部风险的情景分析与压力测试的系统性风险管理相关研究，也常需综合利用金融机构资产负债表数据与市场收益率等数据。由于导致银行发生系统性危机事件只在特定的市场冲击条件下出现，一种常用来评估潜在市场冲击的方法是压力测试与情景分析，该方法常将宏观经济冲击或者银行的经营状况冲击结合起来。压力测试与情景分析法强调银行的潜在状态条件特征，通过压力测试可以评估假定的市场冲击的影响（IMF、BIS、FSB，2009b）。例如，在美国次贷危机最严重的时候（2009 年 2 月底），美国政府对 19 家最大的银行进行的资本监管评估计划（SCAP）即为典型的压力测试。

近年来，基于宏观经济、金融部门关注等大数据为基础，进行系统性风险的研究逐渐兴起，并日益受到广泛重视。Da、Engelberg 和 Gao（2011）首次提出使用 Google Trends 中的股票代码搜索量指数（Search Volume Index）来衡量投资者关注度（Investor Attention）。研究发现，根据投资者关注度的提高能够预测两个星期后股票价格的上升，且价格在 1 年内有回转。该结论直接解释了 IPO 首日溢价和长期弱势的现象。类似地，Bank、Larch 和 Peter（2011）使用 Google Insights 的代码日度搜索量来代表投资者关注度，研究发现，投资者关注的增加能够带来短期正向收益并增强市场流动性，其将这种流动性的增加归因于投资者通过搜索减轻了市场的信息不对称性。Vlastakis 和 Markellos（2012）同样将 Google Trends 的搜索量指数作为信息需求的代理变量，发现在特定情况下信息需求和历史与隐含波动率（Historical and Implied Volatility）具有正向的关系。Dzielinski（2012）利用 Google Trends 的搜索量指数来表征经济不确定性（Economic Uncertainty）的代理变量，发现经济不确定性与股票市场整体的收益率和波动性显著相关。对于中国国内市场，张永杰等（2011）采用基于搜索引擎的挖掘算法，获得了关于个股在百度搜索引擎中信息含量的指标，研究发现该指标能够解释股票的异常收益率，实证检验了搜索引擎中蕴含的信息内容并不是噪声。俞庆进和张兵（2012），Zhang、Shen、Zhang 和 Xiong（2013）以及刘峰、叶强和李一军（2014）利用百度指数来体现中国投资者关注度，发现投资者关注度对股票的系统性波动具有显著影响。Nyman 等（2014）提出广泛利用宏观与金融部门的新闻、叙述文本等大数据评估金融系统性风险。Rönnqvist 和 Sarlin（2017）则基于路透新闻的大量文本数据采用深度学习的方法分析了 2007~2014 年的银行系统性风险。

本章中，我们主要介绍一种已相对成熟的结合市场数据与银行资产负债表数据的系统性风险或有权益分析（CCA）方法，以及如何基于该方法，对我国系统性金融风险进行测度与宏观审慎监管。

第二节　或有权益分析法与系统性金融风险测度

一、基于或有权益分析法的系统性金融风险测度方法

或有权益分析（CCA）方法是利用 Black-Scholes 期权定价方法来计算公司违约可能性的一种方法。或有权益是指一种其未来收益依赖于另一种资产价值的资产（Gray et al.，2008），它相当于一份期权，即在特定到期日以协议价格买入或者卖出某种特定基础资产的权利。

或有权益分析通常假设银行的资产价值 V_t 满足漂移率为 μ、波动率为 σ 的几何布朗运动（Lehar，2005），即：

$$dV_t = \mu V_t dt + \sigma V_t dW_t \quad 式（6-1）$$

式（6-1）中，W_t 为维纳过程。根据 CCA 方法，银行的权益市值 E_t 为资产的看涨期权，且其执行价格为银行的负债（负债账面价值为 B）。假设负债的到期日为 T，初始时刻为 0，市场的无风险利率为 r。由期权定价公式可得银行的股权价值 E_t 为：

$$E_t = V_t N(d_t) - Be^{-rT} N(d_t - \sigma\sqrt{T}) \quad 式（6-2）$$

其中，

$$d_t = \frac{\ln\left(\frac{V_t}{B}\right) + \left(r + \frac{\sigma^2}{2}\right)T}{\sigma\sqrt{T}} \quad 式（6-3）$$

式（6-2）中的银行权益市值（中国历史上存在股权分置现象以及部分银行同时在 A 股及 H 股上市，其计算公式见数据说明部分）和负债账面价值很容易从各银行的公开报表以及 Wind 数据库等得到，而银行的总资产市值及其波动率通常难以直接获得。由式（6-5）可知，各商业银行的总资产市值及波动率是计算各银行违约距离的重要前提，而违约距离是本章研究的核心，因此对银行的总资产市值与波动率的求解非常关键。为了计算我国各商业银行资产收益率的波动率，本章遵循 Vassalou 和 Xing（2004）的方法，利用过去 12 个月的月度数据来估计股票的波动率 σ_E，并以此作为银行资产收益率波动率的初始值。利用期权定价公式，即式（6-2）以及过去 1 年期权益市值，反向求解出商业银行资产总市值①。然后由上述资产总市值序列得到银行资产波动率 σ。将解出的新的波动率再次代入式（6-2），从而解出新的银行总资产序列，重复以上迭代过程，直至两次波动率收敛为止（两次波动率差的绝对值在 10^{-4} 以内），并以最

① 本书在研究系统性风险的时间维度时，利用月度数据，而在研究横截面维度时，采用日度数据。

后一次迭代的波动率作为目标波动率，将此波动率代入式（6–2）即可得到总资产市值。

在上述迭代过程中，现有文献通常采用银行的负债作为期权的执行价格[①]，而负债的到期日采用 1 年期限。在计算银行的总资产市值以及波动率时，通常以上 1 年为滚动窗口，并将滚动窗口的最后一个负债观测值作为此窗口的总负债，最后一个利率观察值作为无风险利率，权益市值则取滚动窗口的全部权益市值观测值（Lehar，2005）。

由于投资者一般为风险厌恶型，而资产具有风险，因此投资者持有风险资产的必要条件为风险资产的期望收益率不低于无风险收益率。因而，在计算银行的违约距离时，一般计算经风险调整后（或风险中性）的违约距离（Chan–Lau et al.，2004；Gray et al.，2008）。

在计算风险调整违约距离时，一般令银行的漂移率为无风险收益率 r，即 $\mu = r$。

由式（6–1）可知，资产在 T 时刻的分布为：$V_0 \exp\left[\left(r-\frac{\sigma^2}{2}\right)T+\sigma\varepsilon\sqrt{T}\right]$，其中 ε 为标准正态分布随机变量，则到期时银行的风险调整（或者风险中性）违约概率为：

$$P(V_T \leqslant B) = P\left(V_0 \exp\left[\left(r-\frac{\sigma^2}{2}\right)T+\sigma\varepsilon\sqrt{T}\right] \leqslant B\right) = P(\varepsilon \leqslant -DD)$$

式（6–4）

其中，

$$DD = \frac{\ln\left(\frac{V_0}{B}\right)+\left(r-\frac{\sigma^2}{2}\right)T}{\sigma\sqrt{T}} \qquad 式（6–5）$$

① 鉴于我国商业银行资产负债表并没有长期负债和短期负债之分，本章借鉴 Kozak 等（2006）的计算方法，采用银行的全部负债作为期权的执行价格。

式（6-5）中的DD即为风险调整（或者风险中性）违约距离（见图6-1）。违约距离的计算可以通过将上文计算的银行总资产市值和其波动率并结合式（6-5）得到。银行的风险调整违约距离衡量的是银行资产的市场价值偏离负债水平的程度。违约距离越大，意味着资产价值水平向上偏离负债水平越远，银行的违约概率就越小，违约风险越低。违约距离既包含资产负债表数据信息，又包含了市场数据（总市值）信息，因此与其他风险指标比较，它具有以下优点：①前瞻性。可作为理想的违约风险先行指标。例如，Chan-Lau等（2004）得出，利用违约距离可在样本期内提前9个月预测到银行的违约，且在样本期外，违约距离的预测能力也很强；Kozak等（2006）发现违约距离及其滞后项与债券实际违约数均具有较高的相关性，其研究结论表明违约距离是企业债券违约的有效先行指标。②高频性。由于在计算违约距离时利用了各商业银行的权益价格市场数据，违约距离可以计算到每一天，这与仅采用资产负债表数据的方法（其计算频率最多为季度）相比，同时包含市场数据

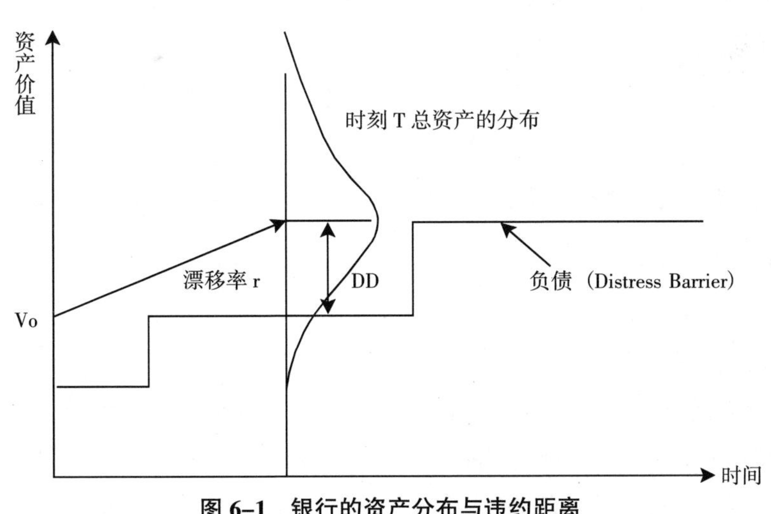

图6-1　银行的资产分布与违约距离

和资产负债表数据信息的违约距离更能及时地监测金融机构和金融体系的风险。

计算违约距离时需要使用股票市场数据，因此采用违约距离衡量银行风险与其他基于股票市场数据测度方法一样，需要股票市场价格能够反映市场对银行风险的评估信息。国外大量研究表明，采用股票市场数据能够较好地反映金融机构的风险状况，并且基于股票市场数据进行的系统性风险测度与预测效果较好（Adrian and Brunnermeier，2009；Huang et al.，2009；Acharya et al.，2010）。虽然我国股票市场起步较晚，相对于发达国家成熟的资本市场有较大的差距，但随着我国股票市场股权分置改革的完成，股票市场信息披露制度和监管制度的日益完善，满足做空机制的股指期货和融资融券的推出，以及投资者尤其是机构投资者的理性投资理念（以证券公司为主的卖方以及基金公司、保险公司等买方都设立研究部门，以挖掘出那些脱离基础价值的股票）日益形成，因此股票价格能逐渐较好地反映上市公司的经营状况和风险状况。鉴于中国股票市场的有效性提高以及资本市场的前瞻性，越来越多的学者逐渐采用股票市场数据测度中国证券市场风险、金融机构及系统性风险（江涛，2010；范小云等，2011；刘红忠等，2011）。

二、CCA 方法与 DAG 技术相结合的系统性风险传染衡量及系统重要性机构甄别

由于上文介绍的风险调整违约距离衡量的是单个金融机构或者宏观金融部门的违约风险（概率），难以直接用来测度单个金融机构对其他金融机构，以及对整个金融系统的风险外溢（或贡献）程度，因而直接依据违约距离将无法甄别各商业银行

的相对系统重要性。所幸的是，有向无环图技术和预测方差分解可以很好地解决这一难题。

1. DAG

DAG 本质上是一种利用无条件相关系数和偏相关系数确定变量之间同期因果关系的重要方法。它通过有向边刻画每对变量之间是否存在因果关系。为了得到描述变量间同期因果关系的有向无环图（DAG），Spirtes 等（2000）提出了一种有向图算法（PC 算法）。PC 算法以一个完全无向图（所有的变量和其他变量都相连）开始，通过去边（Elimination）和定向（Orientation）两个阶段确定 DAG 结果。在去边阶段，PC 算法首先通过检验变量之间的无条件相关系数（或者 0 次偏相关系数）的显著性来剔除那些无条件相关系数不显著的边；其次在剩下的边中再检验一次偏相关系数是否显著，如果不显著则继续去边，以此类推。在上述显著性检验过程中，通常采用 Fisher's z 统计检验量，其公式如下：

$$z(\rho[i,\ j|k]n)=\frac{1}{2}(n-|k|-3)^{\frac{1}{2}}\times\ln\{(|1+\rho[i,\ j|k])\times(|1-\rho[i,\ j|k]|)^{-1}\}\qquad 式\ (6-6)$$

其中，n 是样本个数，$\rho[i,\ j|k]$ 是以 k（k 为变量集合）为条件，i 和 j 的总体相关系数，即去除变量 k 对 i 和 j 的影响，$|k|$ 为 k 的个数。$r[i,\ j|k]$ 是以 k 为条件，i 和 j 的样本相关系数，其中 $z(\rho[i,\ j|k]n)-z(r[i,\ j|k]n)$ 服从标准正态分布。对于定向等方法技术细节的进一步了解，可以参考 Spirtes 等（2000）、Bessler 和 Yang（2003）的研究。

利用有向无环图技术对银行系统重要性甄别的原理及过程如下：由于有向无环图能给出银行之间的同期因果关系，从而可以利用它来构建银行之间的风险传染网络。银行在风险传染网络中影响的银行数目越多，影响的银行越重要，其系统重要性越强。从计量指标来看，通过统计每个银行影响其他银行的资产规模来度量银行的系统重要性水平，并以此值进行系统重要性排序。

2. 基于 DAG 的预测方差分解

本章利用银行违约距离构建 VAR 模型，并利用预测方差分解给出银行之间的滞后期因果关系。在利用方差分解进行分析时，关键是对扰动项同期因果关系进行设置（Cooley and Dwyer，1998），传统研究通常利用 Choleski 分解或者基于先验信息或相关理论的 Bernanke 分解，本书则采用完全基于数据（Data－determined）的有向无环图技术对扰动项的同期因果关系进行设置，从而避免了 Choleski 分解和 Bernanke 分解的缺陷（Choleski 分解利用了递归的识别结构，这往往与现实并不相符，另外变量设置顺序的差异也往往会导致结论的不同；Bernanke 分解则需要先验的主管假设或者是经济理论基础，而这并不一定是数据所能得到的）。另外，传统的 Granger 因果检验和建立在 DAG 基础上的预测方差分解一样都能给出变量前后的（或滞后期）因果关系。但 Granger 因果检验对滞后期非常敏感（Gujarati，2004），且 Granger 的因果关系只在统计意义上成立，并不具有经济意义显著性，而经济意义显著性更是我们应该关注的（Yang et al.，2006；赵胜民等，2011），建立在 DAG 基础上的方差分解则能体现出经济意义显著性。另外，Granger 一般只能对变量进行两两分析，而 DAG 以及建立在 DAG 基础上的方差分解能够在一个系统中对所有变量进行因果分析，这与本书构建银行体系的风险传染网络更加一致。

与直接利用 DAG 构建甄别银行系统重要性指标类似，基于 DAG 的预测方差分解也通过构建银行风险传染网络得出能鉴别银行系统重要性的指标。若在预测 10 期内，特定银行对其他银行的方差分解超过 5%的阈值，那么该银行对其他银行的违约风险影响具有显著性，进而通过统计被传染银行的资产规模大小给出系统重要性排序。

第三节　基于多源数据源的我国银行系统性风险测度

一、数据说明

由于直至此次全球金融危机爆发前夕，在我国 A 股上市时间超过一年的银行只有 5 家股份制银行[①]：深圳发展银行、浦发银行、华夏银行、民生银行、招商银行。为了使时间维度的选择尽可能长，以便能考察我国商业银行部门的系统性风险变化趋势特征，本章在计算中国银行部门的系统性风险指标——系统性违约距离（本节第三部分将予以详细说明）时，主要利用 5 家股份制银行的月度数据，且样本时间区间为 2004 年 1 月 30 日至 2010 年 12 月 31 日。

在对单个银行的系统重要性进行甄别时，为了使包括的银行数目尽可能多，本章样本区间为 2008 年 1 月 2 日至 2010 年 12 月 31 日。样本包含 14 家银行（农业银行、光大银行上市时间较晚，本章不予分析）：深圳发展银行、浦发银行、华夏银

① 虽然中国工商银行、中国银行在 2006 年上市，但它们距离危机发生时间不到一年，而本章研究系统性风险的时间维度必须包含危机前及危机后，且本章的算法要求一年的固定窗口，因此在研究银行系统的系统性风险时不考虑这两家银行。

行、民生银行、招商银行、兴业银行、交通银行、中国工商银行、中国建设银行、中国银行、中信银行、宁波银行、南京银行、北京银行，且采取日度数据（由于在分析银行风险传染机制时构建了 14 个变量的 VAR 模型，损失了较多的自由度，因此采用日度数据）。

本章中无风险利率为一年期定期存款利率，负债为每个银行的季度总负债。由于中国股票市场历史上特有的股权分置问题，在计算商业银行总权益市值时，必须考虑流通股和非流通股的区别（非流通股包括股权分置改革前的非流通股以及股权分置改革后的流通限售股）[①]。对于流通股的处理非常简单，直接利用每个交易日收盘价与流通股股本的乘积计算出流通市值，而非流通股由于不存在市场价格，一般利用每股净资产来代替非流通股的价格（童盼和陆正飞，2005；陈晓红等，2008）。另外，由于流通股的市场价格要高于每股净资产，而非流通股或者流通限售股都存在转变为全流通的可能性，非流通股的真实价格应该介于每股净资产和市场价格之间。因此，利用每股净资产代替非流通的价值将会导致总权益市场价值存在一定程度上的低估，从而导致违约风险存在一定程度的高估。由于民生银行、招商银行、交通银行、中国工商银行、中国建设银行、中国银行及中信银行同时在 A 股和 H 股上市，而同一公司在两股票市场的价格存在较大差异，因此本章对权益市值的处理还考虑了 H 股上市因素。本章的权益市值计算公式如下：

权益市值 = A 股流通市值 + 非流通市值（股改前非流通股以及股改后流通限售股）+ H 股流通市值 = A 股股本 × A 股收盘价 +

① 我们在计算银行总权益市值时考虑了非流通股权以及 H 股上市的影响，这使本章的分析更为合理、结论更为稳健。

非流通股本×每股净资产+H股股本×H股收盘价×港元对人民币汇率

在上述计算公式中，每股净资产采用季度数据。本章股本结构数据及港元对人民币汇率由新浪财经网站得到，其他数据均来源于Wind数据库。

二、我国商业银行违约距离的动态特征

在对我国银行系统性风险时间维度特征进行考察之前，先简要分析单个银行的违约风险。

如图6-2所示，2005年1月至2010年12月，我国单个银行违约风险（违约距离）表现出如下特征：①周期性。2007年9月之前，五家商业银行的违约距离均较大，说明此次金融危机前中国商业银行的违约风险较低；2007年9月之后，受全球金融危机影响，我国商业银行的违约距离迅速下降，违约风险剧烈上升，商业银行脆弱性剧增；2009年1月之后，五家商业银行的违约距离逐渐变大，但相对于危机前仍然较小。这说明，此次危机后我国商业银行违约风险虽较危机期间有所下降，但银行仍较危机前更加脆弱。②波动性。在整个样本期间，违约距离波动较为剧烈。上述测算结果与分析表明，在此次金融危机期间，虽然我国商业银行并没有出现危机，但是仍然受到了金融危机的较大影响。上述五家股份制商业银行违约距离的周期性和波动性特征，很好地反映了这次全球金融危机对我国商业银行风险的影响。③一致性。如图6-2所示，我国商业银行的违约风险变化趋势具有很强的一致性，或者说协同性，这说明我国各家商业银行之间违约风险相关性较高。在过高的相关性条件下，若仅关注单个银行的违约风险将严重低估金融机构

之间风险的协同作用，而这往往会放大危机的冲击。因此，有必要将银行部门作为一个整体来考察其系统性风险状况。

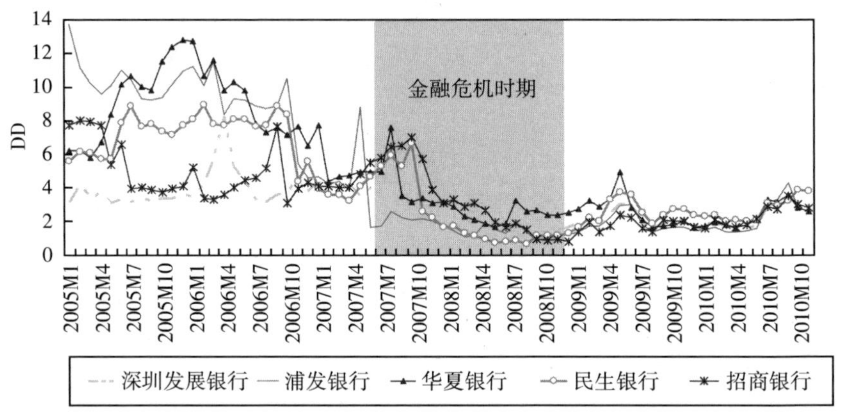

图 6-2 中国主要股份制商业银行违约距离动态变化

注：根据 Acharya 等（2010）的研究，图中阴影部分（2007 年 7 月至 2008 年 12 月）为金融危机发生时期，下同。

三、我国银行系统的系统性风险

虽然在此次全球金融危机爆发前，各国监管当局已经非常重视对单个银行的风险进行监管，但这次危机的教训表明，仅关注单个银行的违约风险将难以防范系统性危机的发生，加强对银行体系的系统性风险监测是非常有必要的。因此，本部分将分析我国银行系统随时间累积的系统性风险动态特征。

运用 CCA 方法测度银行体系的系统性风险，主要有以下两种可行的方法：第一种方法，先利用 CCA 方法计算各个银行的违约距离，然后采用资产或者负债加权求得整个银行部门的平均违约距离（Average DD），并以此衡量整个银行系统的系统性风险。例如，Kozak 等（2006）利用平均违约距离研究了加拿大主要商业银行在 1982~2005 年的风险。第二种方法，将银行系统看作一家“虚拟银行”，利用CCA方法测算出“虚拟银行”的系统性违约距离（Systemic DD），通过系统性违约距离的大小衡量银行部门的系统性风险，如Gapen等（2004）对巴西和泰国多部门风险脆弱性的考察，Kozak等（2006）测算了加拿大银行部门整体的违约距离。系统违约距离相对于平均违约距离更关注银行资产变动的相关性，而银行之间资产价值变动的相关性，是系统性风险的一个重要原因（De Nicolo and Kwast，2002；Lehar，2005），因此本章主要利用系统违约距离考察银行体系的系统性风险，并以平均违约距离进行稳健性分析。违约距离越小，意味着整个银行体系的系统性风险越大。

图6-3给出了我国银行系统性风险在2005年1月至2010年12月的变化走势。如图6-3所示，在金融危机前，系统性违约距离大多超过4，在2005年6月达到最大值11.4。这表明危机前我国商业银行的系统性风险处于较低水平，银行体系较为稳健。本次全球金融危机爆发后（图6-3中阴影部分），随着国际危机影响的加深和波及范围的扩大，我国商业银行的系统性违约距离迅速变小，违约距离由2007年8月的7.76下滑至2008年10月的历史最低点1.22。整个危机期间，违约距离几乎都保持着快速下降的状态。而从平均违约距离来看，其与系统性违约距离变化趋势几乎完全一致，在整个金融危机期间，违约距离迅速减小。上述分析结果表明，受美国次贷危机的影响，我国银行部门的系统性风险急剧上升，金融系统脆弱性显著增加。危机后，尽管我国系统性违约距离总体趋势不断上升，但仍然远低于危机前的整体水平。因此，危机后我国银行系统性风险虽有所减轻，但远不及危机前的稳健性，整个银行系统仍然处在较脆弱的状态。综上所述，通过考察我国银行部门的系统性违约距离，能够较好地把握我国银行部门系统性风险在时间维

度上的动态变化情况，有益于我国监管当局实时监控我国银行部门的系统性风险，并根据我国银行部门的整体风险情况酌情实施有效的逆周期宏观审慎监管和危机救助。

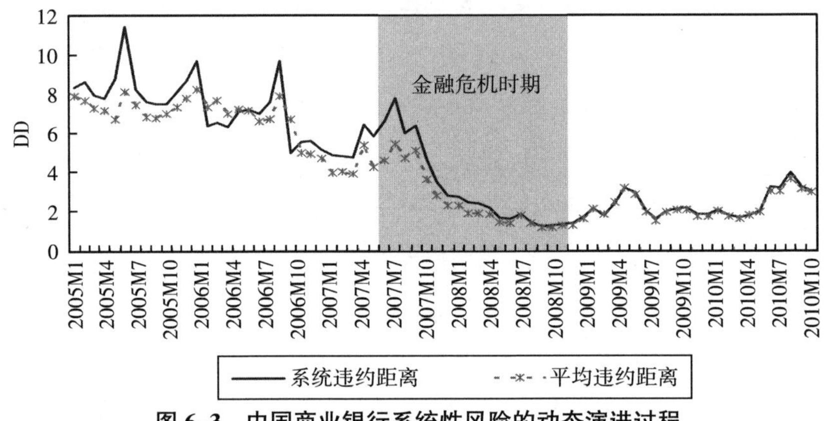

图 6-3 中国商业银行系统性风险的动态演进过程

第四节 我国银行传染风险与系统重要性银行甄别

上文利用系统违约距离和平均违约距离从时间维度考察了我国银行系统的整体风险特征及其动态变化状况，本节将通过构建银行风险传染的网络模型，利用 DAG 以及基于 DAG 结果的方差分解技术从横截面维度对系统重要性银行进行甄别。

一、单位根检验及小样本纠正的 Johansen 协整检验

对我国 14 家商业银行的风险调整违约距离日序列进行单位根检验发现：当对它们的水平值进行检验时，检验结果均表明不能拒绝“存在单位根”的原假设；而当对各个序列的一阶差

分序列进行单位根检验发现检验结果显著地拒绝“存在单位根”的原假设。因此，我们可以断定所有商业银行的风险调整违约距离序列均为非平稳的 I（1）过程。在单位根检验的基础上，我们对 14 家商业银行的风险调整违约距离日序列进行小样本纠正的 Johansen 协整检验。关于 VAR 模型最优滞后期的选择，根据 FPE 和 AIC 准则选择滞后期为 2。检验结果显示，根据小样本纠正的迹检验方法（Johansen，2002），检验结果在 5%（以及 10%）的显著性水平下无法拒绝“协整向量个数为 0”的原假设，因此各银行之间的违约距离不存在协整关系，必须建立差分 VAR 模型。

二、我国商业银行系统性风险传染与系统重要性甄别

我们运用软件 TETRAD Ⅲ，利用它已经设计好的程序 PC 算法来分析上述变量之间的同期因果关系，其中显著性水平取 1%[①]，结果如表 6-1 所示（银行统一用缩写表示，顺序与数据说明中对 14 家银行的介绍相同，表 6-2、表 6-3 与此相同，不再赘述）。

表 6-1 我国商业银行同期风险传染（DAG 结果）

	深发	浦发	华夏	民生	招商	兴业	交行	工行	建行	中行	中信	宁波	南京	北京
深发		√			√	√								
浦发	√			√		√								
华夏				√	√									
民生		√			√	√								
招行	√		√	√										

① Spirtes 等（2000）建议，对于小样本（样本数目小于 100），适合用 20%的显著性水平；对于样本数目在 100~300，适合用 10%的显著性水平；对于样本数目超过 300，适合用 5%和 1%的显著性水平。由于本章样本数目超过 300（480 个样本左右），且商业银行相关性较高，故适合用 1%的显著性水平。

续表

	深发	浦发	华夏	民生	招商	兴业	交行	工行	建行	中行	中信	宁波	南京	北京
兴业	√							√						
交行		√						√	√		√			
工行							√		√	√				
建行								√		√				
中行								√	√					
中信							√		√					√
宁波														
南京				√	√	√						√		√
北京	√		√								√	√	√	

注：第1行中各银行为违约风险的传递方（或者同期因果关系的原因），第1列中各银行为违约风险的接收方（或者同期因果关系的结果）。"√"表示有同期因果关系。

表6-1给出了采用DAG方法测算的我国商业银行风险调整违约距离的同期因果关系详细信息。由表6-1可知，我国商业银行之间存在着紧密的网络关联。由此可以看出，同期因果关系统计结果可以构建测度银行系统重要性的指标。商业银行的系统重要性，体现在它对其他商业银行的风险传染性，风险传染性越高，其系统重要性越强。风险传染性大小可从以下两个方面进行衡量：一是被影响的商业银行数目，二是受其影响的商业银行总规模大小（Billio et al., 2010; Yang et al., 2010）。显然，影响一家规模巨大的银行和影响一家规模较小的银行的系统重要性明显不同。为此，本章构建基于同期因果关系（DAG结果）的资产加权风险外溢性指标，即被影响银行的总资产规模①。基于此指标本章给出了我国商业银行的系统重要性排序（见表6-4中第2列）。结果表明，中国建设银行、中国工商银行、中国银行、交通银行等大型商业银行的系统重要排序最靠前，具有较高的系统重要性，这与周小川（2011）、贾彦东

① 本章以2009年第一季度到2010年第四季度的总资产平均值作为银行的资产规模。

（2011）的结论一致；股份制商业银行的系统重要性次之，在股份制商业银行中，深圳发展银行、浦东发展银行等系统重要性较高，但是和以上四家大型商业银行的系统重要性有较大差距（影响的资产规模不到排第四位银行影响的资产规模的一半）；三家城市商业银行的系统重要性相对最低，排序位居最后。

DAG 技术给出的是同期因果关系，基于 DAG 结果的预测方差分解则能给出各变量滞后期的因果关系，除此之外，预测方差分解能得到经济意义显著性（DAG 以及 Granger 因果检验只能得出统计意义显著性），而经济意义显著性更是我们应该关注的（Yang et al.，2010；赵胜民等，2011）。表 6-2 给出了基于 DAG 结果的预测方差分解[①]，其中阴影部分着重标注了在预测期 10 期内方差分解数高于 5%的情形。以深圳发展银行的方差分解为例，在预测期第 10 期，兴业银行对深圳发展银行的方差分解为 62.67%（远高于 5%），表明兴业银行对深圳发展银行风险外溢性显著，或者说深圳发展银行受兴业银行影响显著。

表 6-3 是对表 6-2 中存在着风险外溢性银行进行的统计。表 6-3 和表 6-1 相似，但两者之间并不相同。表 6-1 是基于 DAG 结果的风险传染，反映的是各银行之间的风险同期传染关系。表 6-3 给出的是银行之间滞后两个交易周传染的结果，反映的是各银行之间风险相对较长的一段时间内的传染关系，因此能够包含与充分反映更多的信息。另外，DAG 结果只具有统计显著性，而基于 DAG 结果的误差方差分解具有经济显著性，且经济显著性比统计显著性更重要，因此表 6-3 的结果相对于表 6-1 来说更值得关注。

---

① 限于篇幅，在此不详细分析每个银行随时间变化的方差分解结果，而只给出了预测期第 1 期和第 10 期（相当于两个交易周）的结果（其实，绝大部分方差分解结果从第 6 期开始几乎保持不变）。

表 6-2　基于 DAG 结果的预测方差分解

单位：%

	深发	浦发	华夏	民生	招行	兴业	交行	工行	建行	中行	中信	宁波	南京	北京
深圳发展银行的方差分解														
1	23.65	4.604	0.102	0.104	0.215	67.01	0.371	0.784	0.406	2.566	0.144	0.001	0.012	0.025
10	22.26	4.571	0.406	1.764	0.555	62.67	0.408	1.089	2.531	2.54	0.662	0.135	0.176	0.235
浦发银行的方差分解														
1	15.76	25.33	0	1.876	0.001	53.59	0.297	0.627	0.325	2.052	0.115	0.001	0.01	0.02
10	14.56	25.63	0.462	2.047	0.159	**48.59**	0.592	1.33	2.873	1.895	1.147	0.177	0.221	0.316
华夏银行的方差分解														
1	3.911	1.475	37.77	7.339	19.11	28.56	0.158	0.334	0.173	1.093	0.061	0.001	0.005	0.011
10	3.668	1.521	35.98	9.107	17.66	27.14	0.413	0.349	1.275	1.475	0.955	0.21	0.211	0.034
民生银行的方差分解														
1	2.235	14.29	0.867	31.18	2.167	46.28	0.257	0.542	0.28	1.772	0.099	0.001	0.008	0.017
10	2.282	14.24	0.95	31.56	2.15	42.37	0.272	0.621	1.382	2.078	1.006	0.123	0.912	0.055
招商银行的方差分解														
1	5.644	2.232	9.965	10.88	26.97	41.64	0.231	0.487	0.252	1.594	0.089	0.001	0.008	0.016
10	5.529	2.358	9.744	12.25	25.65	38.69	0.445	0.764	0.853	1.494	1.013	0.341	0.35	0.529
兴业银行的方差分解														
1	4.931	1.626	0.016	0.015	0.072	87.70	0.486	1.026	0.531	3.358	0.188	0.002	0.016	0.033
10	7.479	1.685	0.051	0.726	0.363	79.94	1.044	1.04	1.434	3.228	1.249	0.529	1.044	0.19

续表

	深发	浦发	华夏	民生	招行	兴业	交行	工行	建行	中行	中信	宁波	南京	北京
交通银行的方差分解														
1	1.87	2.295	0.058	0.076	0.074	4.72	48.34	5.609	5.83	5.89	19.86	0.205	1.69	3.478
10	2.199	2.403	0.121	0.674	0.493	4.24	44.01	5.595	6.51	6.101	18.93	2.112	3.397	3.211
中国工商银行的方差分解														
1	0.305	0.374	0.009	0.012	0.012	2.235	4.364	21.66	9.14	57.78	3.236	0.033	0.275	0.567
10	0.352	0.426	0.355	3.524	0.083	2.103	4.591	19.59	8.23	55.35	3.134	0.159	1.272	0.827
中国建设银行的方差分解														
1	0.821	1.007	0.025	0.033	0.033	6.02	22.53	42.57	10.85	5.045	8.715	0.09	0.741	1.526
10	2.277	0.939	0.141	1.87	0.121	4.884	20.75	40.44	10.6	5.377	8.181	0.344	1.843	2.232
中国银行的方差分解														
1	0.449	0.551	0.014	0.018	0.018	3.293	12.32	26.02	46.47	4.795	4.767	0.049	0.406	0.835
10	0.635	0.724	1.949	1.853	0.351	3.132	11.18	25.14	43.01	4.586	4.461	0.624	1.575	0.791
中信银行的方差分解														
1	0.218	0.035	0.192	1.503	0.241	1.331	3.657	1.385	8.044	0.257	65.44	0.674	5.567	11.46
10	1.05	0.112	0.207	2.806	0.285	0.733	5.443	1.323	8.758	2.627	57.64	1.634	6.596	10.79
宁波银行的方差分解														
1	0	0	0	0	0	0	0	0	0	0	0	100	0	0
10	0.748	0.251	0.04	0.086	0.276	0.949	0.488	0.41	0.435	0.323	0.089	94.36	1.156	0.388

续表

	深发	浦发	华夏	民生	招行	兴业	交行	工行	建行	中行	中信	宁波	南京	北京
南京银行的方差分解														
1	0.004	2.986	0.196	4.117	0.112	25.98	0.094	0.337	0.145	0.989	0.259	30.61	32.98	1.183
10	1.069	2.929	0.244	4.956	0.367	21.61	0.976	0.649	1.171	1.13	1.147	29.22	33.49	1.05
北京银行的方差分解														
1	1.787	1.019	0.55	3.528	0.693	38	0.65	0.28	0.305	1.491	1.008	1.931	15.95	32.82
10	1.937	0.962	1.038	5.151	0.675	32.18	0.75	0.428	1.621	1.391	3.364	2.347	17.15	31

表 6-3　我国商业银行滞后两个交易周的风险传染（基于 DAG 的方差分解）

	深发	浦发	华夏	民生	招商	兴业	交行	工行	建行	中行	中信	宁波	南京	北京
深发						√								
浦发	√					√								
华夏				√	√	√								
民生		√				√								
招行	√		√	√		√								
兴业	√													
交行								√	√	√	√			
工行									√	√				
建行							√	√		√	√			
中行							√	√	√					
中信							√		√				√	√
宁波														
南京						√						√		
北京				√		√							√	

类似基于 DAG 的资产加权风险外溢性指标，我们还构建了基于方差分解结果的资产加权风险外溢性指标（具体结果见表 6-4 第 3 列）。结果表明，在新的指标下，中国建设银行、中国银行、中国工商银行及交通银行等大型商业银行仍然位居系统重要性排序前 4 位，系统重要性相对最高；中信银行等股份制商业银行的系统重要性水平次之；城市商业银行在系统性排序中仍然排位最后，系统重要性相对较低。

表 6-4　我国商业银行系统重要性排序

系统重要性排序	基于 DAG 的资产加权风险外溢性指标	基于方差分解的资产加权风险外溢性指标
1	中国建设银行（2.7E+13）	中国建设银行（2.7E+13）
2	中国工商银行（2.4E+13）	中国银行（2.6E+13）
3	中国银行（2.2E+13）	中国工商银行（2.2E+13）

续表

系统重要性排序	基于DAG的资产加权风险外溢性指标	基于方差分解的资产加权风险外溢性指标
4	交通银行（1.4E+13）	交通银行（2.1E+13）
5	深圳发展银行（5.9E+12）	中信银行（1.3E+13）
6	浦东发展银行（5.6E+12）	兴业银行（7.6E+12）
7	民生银行（4.9E+12）	深圳发展银行（5.4E+12）
8	中信银行（4.1E+12）	民生银行 (3.6E+12)
9	兴业银行（4E+12）	南京银行（2.3E+12）
10	招商银行（3.2E+12）	华夏银行（2.1E+12）
11	华夏银行（2.7E+12）	北京银行（1.7E+12）
12	北京银行（1.9E+12）	浦东发展银行（1.5E+12）
13	宁波银行（7.4E+11）	招商银行（8.9E+11）
14	南京银行（5.7E+11）	宁波银行（1.7E+11）

注：银行名称后面括号中数字为资产规模，其中E代表基底为10的指数，+13等代表指数为13。

综上所述，我们可以利用基于DAG的资产加权风险外溢性指标以及基于方差分解的资产加权风险外溢性指标，分别从同期和前后期两个角度对我国银行的系统重要性进行甄别，从而可以考察同期和相对较长的一段时间（如两个交易周）内，我国银行间的风险传染状况及各银行的相对系统重要性。无论是基于DAG的资产加权风险外溢性指标还是基于方差分解的资产加权风险外溢性指标，中国建设银行等大型国有商业银行的系统重要性水平都相对最高，而股份制商业银行的系统重要性次之，城市商业银行的系统重要性相对较低。

本章利用股票市场数据等构建银行违约风险（违约距离）的网络模型，那些在违约风险关联网络中处于传染中心的银行往往具有较强的系统重要性。本章对风险传染机制的研究方法是一种典型的间接法，它不仅包含直接法中银行双边敞口的传染渠道，而且包括银行对同一类型资产的共同持有、银行相似的风险管理系统等传染渠道。本章得出中国建设银行等四个大型商业银行在违约风险关联网络中处于信用风险传染中心的地位（由表 6-1 和表 6-3 可以看出，几个大型商业银行之间存在着紧密的信用关联），从而具有最高的系统重要性，这可能是由于它们之间业务往来相对于其他商业银行之间更加紧密，如贾彦东（2011）对银行间支付系统数据的分析，也有可能是由于它们对同一类型资产的共同持有（一般来说，大型商业银行之间相对于其他商业银行之间对资产的偏好可能更加趋同），也有可能是由于它们有相似的风险管理模式等。因此，本章对银行系统重要性甄别的结果是合理的。

第五节 结论与政策建议

本章运用或有权益分析方法测算了我国银行部门的系统性违约距离和平均违约距离，并基于此估测了我国银行部门的系统性风险。实证分析表明，我国银行部门的系统性违约距离及平均违约距离能够较好地把握我国银行部门的系统性风险在时间维度上的动态变化情况。在分析过程中，本章比较了此次全球金融危机期间、危机前后我国银行部门的系统性风险变化情况。结果显示，我国银行部门系统性风险在 2007 年 9 月以后显著增加，2008 年 10 月达到最大值，之后逐渐下降，但危机后仍然高于危机前。由于我国银行部门的系统性违约距离和平均违约距离能及时反映我国银行系统性风险的动态特征，该方法有益于我国监管当局对银行部门实施有效的逆周期宏观审慎监管，从而防范银行部门系统性风险过度累积及系统性危机的发生。

此外，基于我国商业银行的违约距离，本章采用有向无环图并结合预测方差分解技术，考察了我国各商业银行相互之间的违约风险传染情况，并在此基础上提出了甄别单个金融机构系统重要性的指标——基于DAG的资产加权风险外溢性指标以及基于方差分解的资产加权风险外溢性指标。两个指标从两种角度给出了我国银行系统重要性排序，并得出中国建设银行、中国工商银行、中国银行、交通银行四家大型商业银行的系统重要性最高，股份制商业银行在两种指标下的系统重要性排序有一定的差异，但其排序都居于中间位置，城市商业银行的系统重要性排序位居最后。我国大型商业银行的系统重要性最高，并不完全因为其资产规模最大，而是由于其在信用风险关联网络中处于传染中心位置，这可能是由于它们之间的直接业务往来（如双边支付结算或者双边借贷）最为密切，也可能是由于它们对同一类型的资产的共同持有或者相同的风险管理模式等。

本章从时间维度和横截面维度测算了我国商业银行的系统性风险，这为我国实施宏观审慎监管政策提供了一定的借鉴意义。在时间维度上，我们要紧密关注银行系统的系统性违约距离，审时度势地实施逆周期的宏观审慎政策。在横截面维度上，我们应该对那些在银行风险传染网络中处于中心地位的银行实施更加严厉的监管，因为这些银行出现问题将导致银行系统出现大规模的风险传染，从而可能导致系统性危机的发生。

#【第七章】

中国金融改革与系统性风险防范

第一节　金融市场化改革与银行风险承担[①]

近年来，我国一直在不断推进各项金融市场化改革，尤其是利率市场化改革取得了重大进步，我国党和政府多次明确提出了“推进利率市场化改革”的要求。2013 年 7 月，我国全面放开金融机构贷款利率管制，2015 年 8 月，中国人民银行决定放开一年期以上（不含一年期）定期存款的利率浮动上限。在我国不断推进利率市场化改革的同时，许多学者建议应关注利率市场化改革可能导致银行风险增加、警惕系统性银行危机发生（Feyzioğlu et al.，2009；Chen et al.，2009；周小川，2013；

① 本节主体部分已发表于《南开学报》（哲学社会科学版）2014 年第 6 期，原题为《利率市场化、存款保险制度与银行风险》。

李扬，2014）。为防范改革与转轨时期系统性银行危机的发生，在稳步推进利率市场化改革的同时，我国正积极酝酿与推进存款保险制度等风险处置机制的建立。但是，关于存款保险制度能否有效维护金融稳定、防范系统性银行危机，至今一直存在激烈的争论（Diamond and Dybvig，1983；Dybvig，1993；Demirguc–Kunt and Detragiache，2002；王国光，2007；姚东旻等，2013），现有研究大多认为存款保险制度的建立可能导致银行道德风险、增加银行风险（Demirguc–Kunt and Huizinga，2004；Ioannidou and Penas，2010；Anginer et al.，2013）。

那么，利率市场化改革的深化是否会提高银行风险？此外，现有研究大多认为存款保险制度的建立可能导致银行道德风险、增加银行风险承担。那么，存款保险制度的建立究竟能否增进银行稳定？对于上述问题的回答具有重要的理论和政策意义。

一、利率市场化改革与银行风险承担的理论分析及研究假设

为了促进金融发展与经济增长，自 20 世纪八九十年代起，许多国家开始了利率市场化等金融自由化改革（Tornell et al.，2004；Bekaert et al.，2005）。然而，利率市场化等金融自由化进程常常伴随着金融不稳定，金融自由化和放松管制常被认为是导致银行危机的先兆与罪魁祸首（Caprio and Summers，1993；Stiglitz，1994；Caprio and Klingebiel，1996；Drees and Pazarbasioglu，1998；Kaminsky and Reinhart，1999；Rochet，2008；Caprio and Honohan，2010；Calomiris，2010）。近年来，大量的实证研究表明，金融自由化将提高银行风险（Demirgüç–Kunt and Detragiache，1999；Noy，2004）。

利率市场化之所以会增加银行风险，主要有以下几方面的

原因：①在市场化的金融体系中，利率由市场决定，其名义利率可能比受到管制的金融体系下的名义利率变动更大，利率越不稳定银行可能就越脆弱（Demirgüç-Kunt and Detragiache，1999），这种效应在利率市场化初期可能尤为明显。②在利率市场化前常存在最高存款利率限制，利率市场化后当银行开始提高存款利率来竞争存款时，利率市场化将削减银行的利润空间，使银行更加易于受到运营环境波动的影响，加剧银行业竞争、加速无效率银行破产（Freixas and Rochet，1997；Boyd et al.，2003）。③在利率受到严格管制时，贷款利率通常受制于"天花板"，这让银行几乎无法赚取高额的风险溢价，于是给高风险客户贷款也就无利可图；但是随着利率市场化过程中贷款利率"天花板"的解除，银行可能为了获得高额回报而选择高风险的贷款组合，若利率市场化过程缺乏有效的审慎监管，那么可能导致银行过度风险承担（Demirgüç-Kunt and Detragiache，1999）。④金融市场化改革后，之前的曾经强制实施的审慎监管做法已不再具有可行性（Noy，2004），加之监管者对新的"规则"不熟悉，以及缺乏市场化后必要的技能和经验，其监管效率也会下降（Dewatripont and Tirole，1993；Peria and Schmukler，2001；Niel and Baumann，2006），市场化后监管无力也会导致银行从事过高风险的业务（Noy，2004）。

为了应对银行体系的脆弱性和防范系统性银行危机，越来越多的国家纷纷建立了存款保险制度，IMF、欧盟等也倡议建立显性存款保险制度，据世界银行 2012 年的调查数据显示，至 2012 年已有近 100 个国家和地区建立了显性存款保险制度（Čihák et al.，2012）。然而，关于存款保险制度能否有效维护金融稳定、防范系统性银行风险，至今却一直存在激烈的争论。一些学者认为，可信的存款保险制度消除了存款人的恐慌，能够阻止银行挤兑，并保护储户的利益，可以起到维护金融稳定和防范系统性银行危机的作用（Diamond and Dybvig，1983；Dybvig，1993；Gropp and Vesala，2001）。而另一些学者则认为，尽管显性存款保险能够通过降低与消除自我实现恐慌的概率提高银行系统的稳定性，但是也会削弱市场约束力，诱使银行道德风险和过度冒险行为，导致过多的风险积累，从而将削弱银行体系的稳定性（Keeley，1990；Demirgüç-Kunt and Detragiache，1998；Calomiris，1999；Demirguc-Kunt and Detragiache，2002；Demirguc-Kunt and Huizinga，2004；Demirguc-Kunt et al.，2008；Ioannidou and Penas，2010），尤其是那些金融市场化，银行监管较弱的国家，道德风险将大大增加，很容易发生银行危机（Kane，1989；Demirgüç-Kunt and Detragiache，1998）。此外，最近一些学者认为，存款保险会增加道德风险，从而使金融系统在经济繁荣时更易于受到危机的影响；存款保险也能增强存款人的信心，在经济动荡时期（如此次全球金融危机）减少银行间传染性挤兑发生的可能性。因此，存款保险对银行风险和稳定性的净效应取决于存款保险的利弊权衡（Anginer et al.，2013）。

鉴于一国利率市场化改革与过渡时期，银行的运营环境将受到较大变化，宏观经济也可能较为动荡，与利率市场化相关的监管制度短期可能不太健全，监管者对新“规则”不够熟悉以及缺乏利率自由化后必要的技能和经验，此时若建有存款保险制度将能增加存款人的信誉，避免银行受到潜在的挤兑和传染性风险，有助于维护金融稳定、降低银行风险。基于上述分析，我们提出以下研究假设：

假设1：利率市场化对银行风险的影响取决于其净效应。

假设2：存款保险制度将有助于降低利率市场化国家的银行

风险。

二、利率市场化改革与银行风险承担的经验分析

1. 关键变量定义

（1）银行风险。关于衡量银行风险的指标很多，现有文献主要采用贷款损失准备占贷款总额之比（张雪兰和何德旭，2012）、不良贷款率（Delis et al.，2011；张健华和王鹏，2012；张雪兰和何德旭，2012；方意等，2012）、Z 值（Laeven et al.，2009；张健华和王鹏，2012；张雪兰和何德旭，2012）。本节参照张雪兰和何德旭（2012）等的研究，选取贷款损失准备占贷款总额之比作为衡量银行风险的指标。此外，出于结果的可靠性考虑，在稳健分析中本节还选取了现有研究中主要用有衡量银行风险的指标，主要包括，对不良贷款准备率和 Z 值进行了稳健性检验。本节银行风险数据来源于世界银行全球金融发展数据库（Global Financial Development Database，GFDD）。

（2）利率市场化。本节参照 Abiad 等（2008）的研究，将一国的利率市场化程度（或对利率的管制程度）划分为 4 类或者 4 个层次，即完全市场化（自由化）、市场化（自由化）程度较高、部分管制、完全管制①，依次取值 3、2、1、0。由于 Abiad 等（2008）的金融改革数据库仅涵盖 91 个国家 1973~2005 年的利率市场化数据，本节根据 Abiad 等（2008）利率市场化程度指

① 若存款利率和贷款利率均由市场利率决定，那么认为完全市场化；若存款利率或贷款利率其中某一个实现市场化，而另一个仍受区间限制或者部分由利率决定，那么认为该国利率市场化程度较高；若存款利率或贷款利率其中某一个实现市场化，而另一个为政府指定或受最低/最高限制，或者存款利率和贷款利率均受区间限制或部分市场化，那么认为该国利率部分管制；若存款利率和贷款利率均由政府设定或者受最低/最高限制，那么认为该国利率完全管制。关于指标更为翔实的构建说明，可具体参见 Abiad 等（2008）。

数构建方法，对这 91 个国家的数据进行了更新[①]，更新后本书的利率市场化数据涵盖了 Abiad 等（2008）的金融改革数据库中 91 个国家 1970~2012 年的数据。定义虚拟变量“利率市场化”表示利率市场化，当利率完全管制年份取值为 0，其他年份取值为 1。

（3）存款保险。存款保险分为显性存款保险和隐性存款保险，本节主要考察显性存款保险制度的影响。定义“显性存款保险”为显性存款保险制度虚拟变量，若存在显性存款保险则取值为 1，否则取值为 0。Demirgüç-Kunt 等（2005）的世界存款保险数据库涵盖了 180 个国家 1960~2003 年的存款保险制度数据，但此后并没有更新，为此本节根据世界银行 2007 年、2012 年关于全球主要国家的银行监管调查数据进行了更新，更新后本节的存款保险制度数据库涵盖了 195 个国家 1960~2012 年的数据。由于存款保险制度可能存在内生性（Demirgüç-Kunt et al.，2008），为此本节采用显性存款保险的滞后 1 期作为解释变量[②]。此外，为了考察存款保险制度的建立是否有助于降低利率市场化改革后的银行风险，本节加入了显性存款保险的滞后期与“利率市场化”虚拟变量之间的交互项。

（4）其他控制变量。本节其他控制变量的选取，主要参考现有关于银行风险研究的类似文献（Demirgüç-Kuntand Detra-

① 鉴于一国的利率市场化过程很少存在逆向性，即绝大部分国家利率市场化过程都是从利率完全管制，到利率部分管制，再到利率市场化程度较高，最后实现利率完全市场化。为此，对于 1973 年利率完全管制的国家 1970~1972 年基本也是实行利率管制的，于是可取值为 0，而对于 2005 年已经实现利率完全市场化的国家，由于政策的连贯性，一般而言 2005 年后基本也是利率完全市场化的，于是 2005 年后可取值为 3。对于 1973 年利率不是完全管制的国家和 2005 年利率没有完全市场化的国家，我们根据文献和政策检索对这些国家 1970~1972 年和 2006~2012 年的数据能补全的尽量一一补全，若仍然无法补全的采取缺省处理。

② 为了保证结果的稳健性，我们选用显性存款保险的滞后 2 期作为显性存款保险的代理变量，以避免滞后期选择的随意性，实证结果表明，本节的主要结论并无明显变化。因篇幅限制，此部分结果未展示，如有需要，请与作者联系。

giache，1999，2002，2005；Beck et al.，2004，2006；张雪兰和何德旭，2012；张健华和王鹏，2012；方意等，2012），这些控制变量主要包括反映银行集中度和银行业市场结构的变量（CR3）、流动性状况（LIQ）、总资产（ASSET）、人均实际 GDP（RGDP）、资产收益率（ROA）、杠杆率（KtoA）等。上述数据均来源于世界银行全球金融发展数据库（Global Financial Development Database，GFDD）和世界银行 WDI 数据库。

2. 样本选择及其说明

由于本节旨在考察利率市场化，以及利率市场化时期存款保险制度的建立对于系统性银行危机的影响，综合所有数据的可得性，本节数据最终包括了 73 个国家 1970~2012 年的数据[①]。本节数据与现有国内外类似研究相比，涵盖样本国家最广、样本时间跨度最长。

3. 基准模型估计及其结果

经 Hausman 检验表明，我们拒绝了横截面的混合回归和面板模型下的随机效应回归模型，所以采用固定效应模型回归，同时方差经 Cluster Robust（Rogers 标准差）调整，以增强结论的稳健性。

表 7-1 回归（1）、回归（2）和回归（3）结果表明，利率市场化水平不但没有增加银行风险，反而显著降低了银行风险水平，这与传统理论并不相同（Caprio and Summers，1993；Stiglitz，1994）。利率市场化之所以反而降低了银行风险，这可能在于利率市场化改革提高了银行的经营效率和抵抗风险的能力，导致利率市场化对银行风险影响的净效应为负、进而导致正向的金融稳定净效应。存款保险制度的建立，也有助于降低

① 限于篇幅，本节样本具体涵盖的国家在此不再赘述，如有需要可与作者联系。

银行的风险水平。

表 7-1 基准模型的估计结果

	(1)	(2)	(3)	(4)	(5)
VARIABLES	LLRL	LLRL	LLRL	LLRL	LLRL
intratelib	−2.9321** (1.1633)		−2.8999** (1.1593)		
Ldepositins		−1.3192** (0.5912)	−1.2476** (0.5546)		
intratelibfull				−3.1592** (1.3488)	−1.8195 (1.4748)
Intratelibfull × Ldepositins					−1.3018** (0.5891)
CR3	0.0510*** (0.0117)	0.0494*** (0.0123)	0.0505*** (0.0116)	0.0530*** (0.0124)	0.0524*** (0.0123)
LIQ	0.0045 (0.0101)	0.0001 (0.0107)	0.0036 (0.0101)	0.0020 (0.0107)	0.0011 (0.0107)
ASSET	−0.0063 (0.0072)	−0.0008 (0.0076)	−0.0048 (0.0072)	−0.0038 (0.0076)	−0.0022 (0.0076)
ROA	−0.9101*** (0.0817)	−0.6293*** (0.0767)	−0.9064*** (0.0814)	−0.6372*** (0.0767)	−0.6342*** (0.0765)
KtoA	0.0315 (0.0717)	−0.0057 (0.0754)	0.0271 (0.0715)	−0.0095 (0.0754)	−0.0140 (0.0752)
RGDPG	−0.0313 (0.0378)	−0.0481 (0.0397)	−0.0254 (0.0378)	−0.0552 (0.0396)	−0.0490 (0.0396)
Constant	10.5225*** (3.5737)	3.1877** (1.4131)	11.3996*** (3.5826)	4.9725*** (1.7932)	4.7038*** (1.7916)
HausmanProb >chi2	0.7455	0.7405	0.7350	0.8177	0.8183
Observations	662	676	662	676	676
R−squared	0.2311	0.1565	0.2378	0.1572	0.1640
Number of country	72	73	72	73	73
Prob > F	0	0	0	0	0

注：括号内为稳健标准误，***、**、* 分别代表 1%、5%、10%水平上显著（以下各表同）。

为了进一步考虑对于完全实现利率市场化的国家，利率市场化与存款保险制度建设对银行风险的影响，我们依次引入表示完全利率市场化虚拟变量 intratelibfull，以及完全利率市场化虚拟变量与存款保险制度虚拟变量交叉项的回归结果 Intratelibfull × Ldepositins。回归（4）报告了引入表示完全利率市场化虚拟变量 intratelibfull，结果表明表示完全利率市场化虚拟变量在 5%的显著性水平上显著为负，也就是说完全利率市场化的国家相对于存在利率管制的国家银行风险更低。但是，当进一步引入完全利率市场化虚拟变量与存款保险制度虚拟变量交叉项后，回归（5）的结果表明，表示完全利率市场化虚拟变量在引入交叉项 Intratelibfull × Ldepositins 后并不显著，而完全利率市场化化虚拟变量与存款保险制度虚拟变量交叉项在 5%的显著性水平上显著为负，也就是说对于完全利率市场化的国家，完全利率市场化后银行风险的降低在于存款保险制度的建立，存款保险制度的建立将显著降低完全利率市场化后的银行风险水平。

4. 采用不同的银行风险指标的稳健性分析结果

为了考察本节上述分析结论的可靠性，我们选取了现有研究中常用于衡量银行风险的指标，主要包括 Z 值 ZSCORE（张健华和王鹏，2012；张雪兰和何德旭，2012）、不良贷款准备率 NPL（张健华和王鹏，2012；张雪兰和何德旭，2012；方意等，2012）、风险加权资产比率 NPLtoCAP（方意等，2012）等，分别进行了稳健性分析。

首先，我们考虑了利率市场化水平和存款保险制度的建立对于银行风险的影响。如表 7-2 所示，采用不同的银行风险指标回归结果表明，基于不良贷款准备率 NPL 和风险加权资产比率 NPLtoCAP 的回归（1）和回归（2）中，表示利率市场化水平的变量 intratelib 在 1%的显著性水平上显著为负，存款保险虚拟变量显著为负，表明利率市场化和存款保险制度的建立均有助于显著降低银行的风险水平。基于 Z 值 ZSCORE 的回归（3）中，表示利率市场化水平的变量 intratelib 并不显著，其原因可能在于 Z 值衡量的主要是银行的破产概率，虽然利率市场化有助于改善银行经营、进而改善银行的资产质量和风险覆盖，但并不显著降低银行破产风险；而表示存款保险制度的虚拟变量在10%显著性水平上显著为正，表明存款保险制度的建立有助于显著降低银行的破产概率。

表 7-2 基于不同银行风险指标的稳健性分析结果

	(1)	(2)	(3)	(4)	(5)	(6)
VARIABLES	NPL	NPLtoCAP	ZSCORE	NPL	NPLtoCAP	ZSCORE
intratelib	−7.4711*** (1.6651)	−1.1366*** (0.2393)	0.2356 (0.8361)			
Ldepositins	−2.9081*** (0.8572)	−0.2728** (0.1232)	1.0723* (0.6395)			
intratelibfull				−3.3326 (2.2129)	−0.3580 (0.3141)	−0.2891 (1.4083)
Intratelibfull × Ldepositins				−2.9866*** (0.8852)	−0.2829** (0.1257)	1.1019* (0.6398)
CR3	0.0855*** (0.0174)	0.0115*** (0.0025)	0.0124 (0.0130)	0.0864*** (0.0180)	0.0112*** (0.0026)	0.0108 (0.0130)
LIQ	0.0255* (0.0149)	0.0028 (0.0021)	−0.0076 (0.0105)	0.0231 (0.0154)	0.0025 (0.0022)	−0.0075 (0.0105)
ASSET	−0.0150 (0.0103)	−0.0014 (0.0015)	−0.0074 (0.0077)	−0.0120 (0.0106)	−0.0008 (0.0015)	−0.0089 (0.0076)
ROA	−1.3531*** (0.1294)	−0.1454*** (0.0186)	0.7452*** (0.0969)	−1.0404*** (0.1191)	−0.1133*** (0.0169)	0.6036*** (0.0851)
KtoA	−0.0392 (0.1023)	−0.1406*** (0.0147)	0.7392*** (0.0759)	−0.0815 (0.1049)	−0.1426*** (0.0149)	0.7519*** (0.0751)
RGDPG	−0.1403** (0.0587)	−0.0176** (0.0084)	−0.0048 (0.0438)	−0.1657*** (0.0599)	−0.0200** (0.0085)	0.0114 (0.0430)
Constant	27.3501*** (5.1349)	5.0450*** (0.7381)	5.5846** (2.7483)	8.7088*** (2.5963)	2.0701*** (0.3685)	6.8637*** (1.7394)

续表

	(1)	(2)	(3)	(4)	(5)	(6)
VARIABLES	NPL	NPLtoCAP	ZSCORE	NPL	NPLtoCAP	ZSCORE
HausmanProb > chi2	0.9914	0.2644	0.0605	0.9011	0.3277	0.0791
Observations	754	754	778	768	768	794
R-squared	0.2357	0.2618	0.2160	0.1868	0.2253	0.2045
Number of country	72	72	73	73	73	73
Prob > F	0	0	0	0	0	0

其次，我们还着重考察了对于完全利率市场化的国家，存款保险制度的建立是否有助于降低银行风险。表 7-2 中回归（4）~ 回归（6）表明，不论是基于反映银行风险水平的 NPL 和 NPLtoCAP 指标，还是基于反映银行破产概率的指标 Z 值，表示完全利率市场化的虚拟变量 intratelibfull 均不显著，表明完全利率市场化对于银行稳定的净效应并不明显；完全利率市场化虚拟变量与存款保险制度虚拟变量交叉项符号，基于反映银行风险水平的 NPL 和 NPLtoCAP 指标回归时在 5%以上的显著性水平上显著为负，基于反映银行破产概率的指标 Z 值指标回归时在 10%以上的显著性水平上显著为正，表明对于完全利率市场化的国家存款保险制度的建立，不但能够有助于降低银行风险水平，更能有效地降低银行的破产概率。

综上所述，基于不同的银行风险指标的稳健性分析结果表明，虽然利率市场化水平的提高有助于降低银行风险水平，但并不能显著降低银行破产概率。对于完全利率市场化的国家而言，利率市场化对于银行稳定的净效应并不明显。存款保险制度的建立，不但有助于降低银行风险水平，更能有效降低银行的破产概率。

5. 基于系统 GMM 的稳健性分析

由于银行风险承担可能具有持续性，而且控制变量资产收益率（ROA）、杠杆率（KtoA）等可能存在内生性问题。内生性问题使得 OLS 和面板固定效应估计量都是有偏的。为此，本节采用 Arellano 和 Bover（1995）、Blundell 和 Bond（1998）提出的“系统 GMM”估计法进行估计。Bun 和 Windmeijer（2007）的研究表明，系统 GMM 估计偏差较小，因为它是差分 GMM 和 GMM 的水平值进行加权平均的结果，而这两个估计值拥有相反的符号。在进行动态面板 GMM 估计时，通常需要检验差分后的干扰项是否存在二阶自相关和工具变量是否有效，相应的统计量分别为 AR（2）和 Hansen 检验统计量。其中，Hansen 检验针对系统 GMM 中工具变量的有效性，其原假设为这些工具变量是有效的；AR（2）的原假设为二阶自相关检验，其原假设是差分干扰项不存在二阶序列相关性。对表 7-3（1）和表 7-3（2）中各回归式的检验结果表明，本节所选用的系统 GMM 估计模型是有效的。

基于系统 GMM 估计的结果如表 7-3（1）所示，基于此可知，除其中回归（1）以外，表示利率市场化水平的变量 intratelib 均显著为负，表明利率市场化水平的提高有助于降低银行风险的结论是较为稳健的；表示存款保险制度的虚拟变量 Ldepositins 除了回归（4）以外均在 1%的显著性水平显著为负，表明存款保险制度的建立将显著降低银行的风险水平和银行破产概率等结论也较为稳健。

基于系统 GMM 估计的结果如表 7-3（2）所示，基于此显示，基于不良贷款准备率，NPL 回归时表示完全利率市场化的虚拟变量 intratelibfull 显著为负，而基于贷款损失准备占贷款总额之比 LLRL 和风险加权资产比率 NPLtoCAP 回归时表示完全利率市场化的虚拟变量 intratelibfull 并不显著，表明对于完全利率市场化的国家，利率完全市场化对于银行稳定的净效应并不明显；而完全利率市场化虚拟变量与存款保险制度虚拟变量交叉项 Intratelibfull × Ldepositins 的回归结果均在 5%的显著性水平上显著且符号和前文一致，表明存款保险制度的建立将显著降低银行的风险水平和银行破产概率等结论是相当稳健的。

表 7-3　基于系统 GMM 估计的稳健性分析结果（1）

	(1)	(2)	(3)	(4)
VARIABLES	LLRL	NPL	NPLtoCAP	ZSCORE
L.LLRL	0.7561*** (0.0079)			
L.NPL		0.7922*** (0.0034)		
L.NPLtoCAP			0.7530*** (0.0044)	
L.ZSCORE				0.9342*** (0.0034)
intratelib	0.0360 (0.1290)	−0.2211** (0.0881)	−0.1228*** (0.0397)	−0.1523* (0.0884)
Ldepositins	−0.9503*** (0.0561)	−0.8788*** (0.1162)	−0.1126*** (0.0168)	−0.1885 (0.1634)
CR3	−0.0030** (0.0012)	0.0017 (0.0017)	0.0005** (0.0002)	−0.0006 (0.0017)
LIQ	−0.0032*** (0.0007)	−0.0071*** (0.0026)	−0.0016*** (0.0004)	−0.0085*** (0.0029)
ASSET	−0.0041*** (0.0008)	−0.0056*** (0.0011)	−0.0010*** (0.0002)	0.0007 (0.0013)
ROA	−0.3304*** (0.0107)	−0.6659*** (0.0281)	−0.0583*** (0.0026)	0.4253*** (0.0540)
KtoA	0.0731*** (0.0157)	0.0891*** (0.0233)	−0.0145*** (0.0026)	−0.0527** (0.0258)
RGDPG	−0.1008*** (0.0043)	−0.1337*** (0.0079)	−0.0144*** (0.0007)	−0.0078 (0.0120)
Constant	2.2015*** (0.3423)	3.2241*** (0.3527)	0.9110*** (0.1267)	1.8390*** (0.2982)

续表

	(1)	(2)	(3)	(4)
VARIABLES	LLRL	NPL	NPLtoCAP	ZSCORE
AR (1)	0.024	0.019	0.023	0.003
AR (2)	0.697	0.469	0.782	0.186
Hansen test	1.000	1.000	1.000	1.000
Observations	516	715	605	659
Number ofcountry	69	71	69	72
Prob > F	0	0	0	0

表 7-3　基于系统 GMM 估计的稳健性分析结果（2）

	(1)	(2)	(3)	(4)
VARIABLES	LLRL	NPL	NPLtoCAP	ZSCORE
L.LLRL	0.8214*** (0.0035)			
L.NPL		0.7909*** (0.0063)		
L.NPLtoCAP			0.7317*** (0.0064)	
L.ZSCORE				0.9354*** (0.0043)
intratelibfull	0.2000 (0.3066)	-1.5642*** (0.5035)	0.0936 (0.0598)	-2.2667*** (0.5220)
libfull_ins	-0.8993*** (0.0964)	-0.5650*** (0.1620)	-0.1823*** (0.0220)	0.5315** (0.2297)
CR3	-0.0011 (0.0008)	0.0054*** (0.0019)	-0.0002 (0.0002)	0.0067*** (0.0017)
LIQ	-0.0033*** (0.0006)	-0.0017 (0.0034)	-0.0012*** (0.0003)	-0.0103*** (0.0030)
ASSET	-0.0036*** (0.0005)	-0.0040*** (0.0011)	-0.0012*** (0.0002)	-0.0007 (0.0020)
ROA	-0.2219*** (0.0069)	-0.4591*** (0.0371)	-0.0719*** (0.0033)	0.4405*** (0.0239)
KtoA	0.0446*** (0.0103)	0.0957*** (0.0189)	-0.0217*** (0.0042)	-0.0284 (0.0397)

续表

	(1)	(2)	(3)	(4)
VARIABLES	LLRL	NPL	NPLtoCAP	ZSCORE
RGDPG	−0.1125*** (0.0042)	−0.1511*** (0.0084)	−0.0113*** (0.0008)	−0.0776*** (0.0085)
Constant	1.7739*** (0.2999)	3.0284*** (0.3984)	0.6575*** (0.0775)	2.7032*** (0.6521)
AR (1)	0.024	0.023	0.032	0.004
AR (2)	0.637	0.564	0.853	0.183
Hansen test	1.000	1.000	1.000	1.000
Observations	529	728	573	615
Number ofcountry	70	72	68	72
Prob > F	0	0	0	0

综上所述，基于系统 GMM 估计的稳健性分析结果表明，利率市场化水平的提高有助于降低银行风险；对于完全利率市场化的国家，利率完全市场化对于银行稳定的净效应并不明显；存款保险制度的建立将显著降低银行的风险水平和银行破产概率等结论相当稳健。

6. 基于分位数回归的稳健性分析

为了进一步考察本节结论的稳健性，我们选取贷款损失准备占贷款总额之比作为衡量银行风险的指标基于分位数回归进行了稳健性分析。

表 7-4（1）给出了关于利率市场化水平和存款保险制度建立对于银行风险影响的基于 10%、25%、50%、75%和 90%分位数回归的结果。回归结果显示，除了在较低的分位数水平 10%时表示存款保险制度的虚拟变量不显著外，25%、50%、75%和 90%分位数回归结果均表明存款保险制度的将有助降低银行风险。

表 7-4（2）给出了关于完全利率市场化 Intratelibfull，以及完

全利率市场化虚拟变量与存款保险制度虚拟变量交叉项 Intratelibfull × Ldepositins 基于 10%、25%、50%、75%和 90%分位数回归的结果。回归结果显示，在 10%分位数完全利率市场化虚拟变量与存款保险制度虚拟变量交叉项并不显著，而 25%、50%、75%和 90%分位数回归结果完全利率市场化虚拟变量与存款保险制度虚拟变量交叉项显著为负，说明存款保险制度的建立将显著降低银行的风险水平。此外，完全利率市场化虚拟变量与存款保险制度虚拟变量交叉项在分位数较低时较小，分位数较高时该交叉项系数变小。也就是说，当银行风险水平较低时，存款保险制度的建立对于银行风险的减弱作用并不太明显，随着银行风险水平的上升，存款保险制度的建立对于抑制银行风险过度承担的作用也越发明显。

表 7-4　基于分位数回归结果（1）

	（1）	（2）	（3）	（4）	（5）
Quantile	10%	25%	50%	75%	90%
VARIABLES	LLRL	LLRL	LLRL	LLRL	LLRL
intratelib	0.1147 (0.1526)	0.3168*** (0.0996)	0.5705*** (0.2188)	0.8398** (0.3942)	0.7067 (0.7527)
Ldepositins	0.0061 (0.1549)	−1.2112*** (0.1113)	−2.0025*** (0.2394)	−3.2090*** (0.4449)	−3.6538*** (1.0608)
CR3	−0.0158*** (0.0033)	−0.0214*** (0.0024)	−0.0267*** (0.0050)	−0.0442*** (0.0087)	−0.0398** (0.0189)
LIQ	0.0083** (0.0035)	0.0124*** (0.0026)	0.0036 (0.0055)	0.0166* (0.0096)	0.0316 (0.0238)
ASSET	−0.0046*** (0.0013)	−0.0115*** (0.0010)	−0.0169*** (0.0023)	−0.0288*** (0.0048)	−0.0293** (0.0114)
ROA	−0.3198*** (0.0238)	−0.6002*** (0.0208)	−0.9458*** (0.0621)	−1.2512*** (0.1280)	−1.4102*** (0.3556)
KtoA	0.0870*** (0.0192)	0.1114*** (0.0144)	0.2171*** (0.0332)	0.2433*** (0.0599)	0.0615 (0.1498)

续表

	(1)	(2)	(3)	(4)	(5)
Quantile	10%	25%	50%	75%	90%
RGDPG	−0.0405*** (0.0134)	−0.0325*** (0.0122)	−0.0219 (0.0277)	0.0271 (0.0576)	0.1516 (0.1689)
wdicountry	0.0030 (0.0025)	−0.0013 (0.0018)	0.0043 (0.0038)	0.0077 (0.0072)	0.0007 (0.0160)
Year	−0.0092 (0.0155)	−0.0285** (0.0123)	−0.1342*** (0.0271)	−0.1960*** (0.0527)	−0.2863** (0.1244)
Constant	19.8903 (31.0823)	60.8835** (24.6408)	274.3695*** (54.2218)	402.1751*** (105.6340)	587.4930** (249.2241)
Observations	662	662	662	662	662
Psedo R^2	0.0875	0.1281	0.1941	0.2510	0.2676

表 7-4　基于分位数回归结果（2）

	(1)	(2)	(3)	(4)	(5)
Quantile	10%	25%	50%	75%	90%
VARIABLES	LLRL	LLRL	LLRL	LLRL	LLRL
intratelibfull	−0.4765** (0.2326)	0.8443*** (0.2053)	2.0232*** (0.3373)	0.1305 (0.6895)	0.1361 (1.5836)
libfull_ins	0.0869 (0.1705)	−1.1533*** (0.1456)	−2.4335*** (0.2321)	−3.2623*** (0.4528)	−3.1511*** (1.1442)
CR3	−0.0150*** (0.0036)	−0.0215*** (0.0029)	−0.0314*** (0.0044)	−0.0421*** (0.0079)	−0.0325* (0.0183)
LIQ	0.0112*** (0.0036)	0.0134*** (0.0032)	0.0097** (0.0049)	0.0200** (0.0090)	0.0308 (0.0220)
ASSET	−0.0044*** (0.0012)	−0.0115*** (0.0011)	−0.0162*** (0.0020)	−0.0328*** (0.0044)	−0.0342*** (0.0108)
ROA	−0.1927*** (0.0209)	−0.5067*** (0.0219)	−0.8669*** (0.0492)	−1.2777*** (0.1201)	−1.1870*** (0.4018)
KtoA	0.0635*** (0.0201)	0.0901*** (0.0178)	0.1215*** (0.0287)	0.1861*** (0.0540)	−0.0197 (0.1409)
RGDPG	−0.0555*** (0.0135)	−0.0511*** (0.0145)	0.0112 (0.0244)	−0.0003 (0.0525)	0.1058 (0.1666)

续表

	（1）	（2）	（3）	（4）	（5）
Quantile	10%	25%	50%	75%	90%
wdicountry	0.0045* (0.0025)	0.0001 (0.0021)	0.0064* (0.0033)	0.0077 (0.0064)	0.0013 (0.0142)
year	-0.0135 (0.0153)	-0.0329** (0.0148)	-0.1197*** (0.0237)	-0.1403*** (0.0467)	-0.2038* (0.1190)
Constant	29.1016 (30.7539)	69.8989** (29.6495)	245.9157*** (47.4544)	293.6112*** (93.5673)	424.0029* (238.2574)
Observations	676	676	676	676	676
PsedoR2	0.0877	0.1105	0.1745	0.2221	0.2200

三、结论与政策含义

本节基于全球 73 个国家 1970~2012 年的面板数据，研究了利率市场化改革和存款保险制度建设对银行风险的影响。研究表明，利率市场化并不一定将提高银行风险水平，利率市场化改革是否会提高银行风险取决于利率市场化改革带来的净效应。传统的理论与经验研究多认为利率市场化将导致银行不稳定与银行风险的提高，从这个意义上讲，本节的研究发展弥补了传统的理论与经验研究。此外，本节研究表明，由于存款保险制度的建立，将有助于防范银行挤兑等银行危机的发生，进而有助于减少利率市场化改革后的银行风险水平，增进银行体系稳定。值得注意的是，当银行风险水平较低时，存款保险制度的建立对于银行风险的减弱作用并不太明显，随着银行风险水平的上升，存款保险制度的建立对于抑制银行风险过度承担的作用也越发明显。

基于本节实证研究结论，本节认为对于利率市场化改革时期的中国来说，利率市场化改革的深化并不一定将导致较高的银行风险，过分夸大利率市场化可能带来的风险将不利于我国金融市场化改革的深入。此外，存款保险制度的建立十分必要，存款保险制度建立将有助于降低我国银行总体风险水平。

第二节　金融市场化改革、存款保险制度建设与系统性银行危机防范①

金融市场化改革，尤其是利率市场化改革作为我国建设社会主义市场经济体制、发挥市场配置资源作用的重要内容，是加强我国金融间接调控、促进金融支持实体经济的关键环节，也是完善金融机构自主经营机制、提高竞争力的必要条件（中国人民银行金融稳定分析小组，2013）。近年来，我国积极“推进利率市场化改革”，2013 年 7 月，经国务院批准，中国人民银行宣布全面放开金融机构贷款利率管制，2015 年 8 月，中国人民银行决定放开一年期以上（不含一年期）定期存款的利率浮动上限。在我国不断推进利率市场化改革的同时，许多学者建议应警惕系统性银行危机发生、建立市场化的风险处置机制（Feyzioğlu et al.，2009；Chen et al.，2009；周小川，2013；李扬，2014）。

事实上，为防范改革与转轨时期系统性银行危机的发生，在稳步推进利率市场化改革的同时，我国于 2015 年推出了显性存款保险制度。但是，关于存款保险制度能否有效维护金融稳

① 本节主体部分已发表于《金融研究》2016 年第 1 期，原题为《利率市场化、存款保险制度与系统性银行危机防范》。

定、防范系统性银行危机，至今一直存在激烈的争论（Diamond and Dybvig，1983；Demirguc-Kunt and Detragiache，2002；Demirguc-Kunt and Huizinga，2004；Ioannidou and Penas，2010；Anginer et al.，2013；王国光，2007；姚东旻等，2013）。

那么，对于进行利率市场化改革的国家来说，利率市场化改革的深化是否会提高系统性银行危机的发生概率？存款保险制度的建立，究竟能否增进金融稳定，尤其是能否有效防范利率市场化时期的系统性银行危机发生？鉴于现有许多研究认为存款保险制度的建立可能导致银行道德风险、增加系统性银行危机发生几率，那么如何才能有效发挥存款保险制度的金融稳定作用、规避银行道德风险、防范系统性危机发生？对于上述问题的研究将具有重要的理论价值和现实意义。

虽然已有大量文献从理论和经验上探讨了利率市场化对金融稳定的影响（Stiglitz，1994；Demirgüç-Kunt and Detragiache，1999；Noy，2004；尹志超等，2014），以及存款保险制度建立是否有助于防范银行危机发生（Diamond and Dybvig，1983；Demirguc-Kunt and Detragiache，2002；Demirguc-Kunt et al.，2008），但很少有研究考察存款保险制度的建立对利率市场化改革与过渡时期、利率市场化进程完成后的系统性银行危机发生几率的影响差异，而对此的研究对于正处于利率市场化改革时期的中国来说具有尤为重要的意义。此外，既有研究忽视了存款保险制度对系统性银行危机发生几率的影响取决于其导致的银行道德风险和金融稳定性的共同净效应（Anginer et al.，2013；王道平和杨骏，2014），而这又受一国所处的利率市场化阶段、金融监管程度、存款保险制度不同设计等影响。鉴于此，本节将试图探讨存款保险制度的建立，对于一国利率市场化改革与过渡时期、利率市场化进程完成后的系统性银行危机发生几率的影响差异，以及金融监管程度、存款保险制度不同设计如何影响存款保险制度的金融稳定净效应。

与已有研究相比，本节的主要贡献如下：第一，着重考察了利率市场化改革不同时期，尤其利率市场化改革与过渡时期、完全利率市场化后，存款保险制度建立对一国系统性银行危机发生几率的不同影响。本节发现存款保险制度在利率市场化改革与过渡时期、利率市场化完成后，导致的金融稳定净效应并不相同，在利率市场化改革与过渡时期存款保险制度的金融稳定效应大于其导致的银行道德风险引发的不稳定效应，而利率市场化完成后则相反。这从实证上验证了 Diamond 和 Dybvig（1983）的理论推理，弥补了 Demirguc-Kunt 和 Detragiache（2002）、Demirguc-Kunt 和 Huizinga（2004）等相关实证研究的不足。第二，本节通过对系统性银行危机发生几率影响的考察，分析了银行监管程度对于存款保险制度的金融稳定净效应，我们发现对于银行监管较严的国家来说，显性存款保险导致的道德风险相对较小，主要表现为金融稳定效应，而监管较松的国家则恰好相反。第三，进一步从实证上考察了存款保险制度的不同设计对于系统性银行危机发生几率的不同影响，这对于存款保险制度的具体设计具有重要的政策含义。

一、利率市场化与存款保险对系统性银行危机影响的理论分析

利率市场化之所以容易引发系统性银行危机，主要缘于以下几点：①在市场化的金融体系中，利率由市场决定，其名义利率可能比受到管制的金融体系下的名义利率变动都大，利率越不稳定银行可能就越脆弱（Demirgüç-Kunt and Detragiache,

1999），这种效应在利率市场化初期可能尤为明显。②在利率市场化前常存在最高存款利率限制，利率市场化后当银行开始提高存款利率来竞争存款时，利率市场化将削减银行的利润空间，使银行更加易于受到运营环境波动的影响，加剧银行业竞争、加速无效率银行破产（Freixas and Rochet，1997）。③在利率受到严格管制时，贷款利率通常受制于"天花板"，这让银行几乎无法赚取高额的风险溢价，于是给高风险客户贷款也就无利可图；但是随着利率市场化过程中贷款利率"天花板"的解除，银行可能为了获得高额回报而选择高风险的贷款组合，若利率市场化过程缺乏有效的审慎监管，那么可能导致银行过度冒险以及随之而来的危机（Demirgüç-Kunt and Detragiache，1999）。④金融市场化改革后，之前的曾经强制实施的审慎监管做法已不再具有可行性（Noy，2004），加之监管者对新的"规则"不熟悉，以及缺乏市场化后必要的技能和经验，其监管效率也会下降（Peria and Schmukler，2001；Niel and Baumann，2006），因市场化后监管无力也会导致银行业危机（Noy，2004）。

为了应对银行体系的脆弱性和防范系统性银行危机，越来越多的国家纷纷建立了存款保险制度，然而，关于存款保险制度能否有效维护金融稳定、防范系统性银行危机，至今却一直存在激烈的争论。一些学者认为，可信的存款保险制度消除了存款人的恐慌，能够阻止银行挤兑，并保护储户的利益，可以起到维护金融稳定和防范系统性银行危机的作用（Diamond and Dybvig，1983；姚志勇和夏凡，2012）。而另一些学者则认为，尽管显性存款保险能够通过降低与消除自我实现恐慌的概率提高银行系统的稳定性，但是也会削弱市场约束力，诱使银行道德风险和过度冒险行为，导致过多的风险积累，从而将削弱银行体系的稳定性（Keeley，1990；Demirgüç-Kunt and Detragiache，

1998；Calomiris，1999；Demirguc-Kunt and Detragiache，2002；Demirguc-Kunt and Huizinga，2004；Demirguc-Kunt et al.，2008；Ioannidou and Penas，2010），尤其是那些金融市场化，银行监管较弱的国家，道德风险将大大增加，很容易发生银行危机（Demirgüç-Kunt and Detragiache，1998）。此外，最近一些学者认为，存款保险会增加道德风险，从而使金融系统在经济繁荣时更加易于受到危机的影响；存款保险也能增强存款人的信心，在经济动荡时期（如此次全球金融危机）减少银行间传染性挤兑发生的可能性；因此存款保险对银行风险与金融稳定性的净效应取决于存款保险的利弊权衡（Anginer et al.，2013）。

鉴于一国利率市场化改革与过渡时期，银行的运营环境将受到较大变化，宏观经济也可能较为动荡，与利率市场化相关的监管制度短期可能不太健全，监管者对新规则不够熟悉以及缺乏利率自由化后必要的技能和经验，此时若建有存款保险制度将能增加存款人的信心，避免银行受到潜在的挤兑和传染性风险，有助于维护金融稳定、降低系统性银行危机发生几率。当一国利率市场化进程完成后，逐步进入稳定时期，此时存款保险的金融稳定作用降低，而导致的道德风险可能占主导，存款保险制度反而可能提高系统性银行危机发生的几率。由于一国利率市场化改革与过渡时期跨度有限，就整个时期的净效应而言，存款保险制度对于维护金融稳定的作用可能有限。当然，对于银行监管较严、存款保险制度设计充分考虑市场约束力的国家，无论是利率市场化时期还是利率市场化进程完成后，存款保险导致的道德风险都将受到相对较强的限制，因此加强银行监管将有助于减少系统性风险积累、防范系统性银行危机发生。基于上述分析，我们提出以下研究假设：

假设 1：存款保险制度有助于降低利率市场化改革与过渡时

期的系统性银行危机发生几率。利率市场化进程完成后，存款保险制度的金融稳定效应相对较低。就整个时期而言，存款保险制度对于维护金融稳定的作用可能有限。

假设 2：无论是在利率市场化时期还是在利率市场化进程完成后，较严的银行监管将有助于限制存款保险导致的道德风险、降低系统性银行危机发生几率。

假设 3：有利于提高市场约束力和防范银行道德风险的存款保险制度设计，将有助于维护金融稳定、降低系统性银行危机发生几率。

二、利率市场化与存款保险对系统性银行危机影响的国际经验

1. 关键变量定义、数据来源及其说明

（1）利率市场化。Abiad 等（2008），将一国的利率市场化程度（或对利率的管制程度）划分为 4 类或 4 个层次，即完全市场化、市场化程度较高、部分管制、完全管制，依次取值 3、2、1、0[①]。由于 Abiad 等（2008）的金融改革数据库仅涵盖 91 个国家 1973~2005 年的利率市场化数据，本节根据 Abiad 等（2008）利率市场化程度指数构建方法，对这 91 个国家的数据进行了更新，更新后本节的利率市场化数据涵盖了 Abiad 等（2008）的金融改革数据库中 91 个国家 1970~2012 年的数据。在本节接下来的分析中，利率市场化程度以变量“Lib”表示，当利率完全市场化、市场化程度较高、部分管制、完全管制时依次取值 3、2、1、0，该数据直接来源于 Abiad 等（2008）和本节的更新。

① 关于指标更为翔实的构建说明，可具体参见 Abiad 等（2008）的研究。

由于现有研究表明利率市场化时期常常伴随着金融不稳定（Stiglitz，1994；Kaminsky and Reinhart，1999；Caprio and Honohan，2010；Calomiris，2010），将提高银行危机发生的几率（Demirgüç-Kunt and Detragiache，1999；Noy，2004），期间系统性银行危机发生几率较大可能要大于改革之前和改革完成之后。为重点考察利率市场化时期的影响，本节定义虚拟变量“Libtime”表示利率市场化时期，其取值主要参考 Demirgüç-Kunt 和 Detragiache（1999）研究的做法，一是从开始实行利率市场化改革当年至完全实现利率市场化，期间年份取值为 1，其他年份取值为 0；二是分别选取利率市场化改革当年起后 3 年与后 5 年为 1，其他年份取值为 0，作为稳健性分析[①]。此外，为了考察利率市场化改革完成后相对于存在利率管制时期有何不同，本节还定义了虚拟变量“Libfull”表示利率完全市场化，利率完全市场化的年份取值为 1，其他存在利率管制的年份取值为 0。利率市场化改革开始的具体时点确定，依据 Abiad 等（2008）的金融改革数据库。

（2）存款保险。存款保险分为显性存款保险和隐性存款保险，本节主要考察显性存款保险制度的影响。定义“Ins”为显性存款保险制度虚拟变量，若某年某国建有显性存款保险则取值为 1，否则取值为 0。现有研究大多采用 Demirgüç-Kunt 等（2005）的世界存款保险数据库，但该数据库仅涵盖了 180 个国家 1960~2003 年的存款保险制度数据，此后并没有更新，本节根据世界银行 2007 年、2012 年关于全球主要国家的银行监管调查数据进行了更新，更新后本节的存款保险制度数据库涵盖了

① 关于虚拟变量“Libtime”的取值，本节还做了如下的稳健性分析：一是仅利率市场化当年取值为 1，其他年份为 0；二是利率市场化改革当年起后 10 年为 1，其他年份为 0。结果表明，本节分析结论非常稳健。限于篇幅文中没有报告，如有需要请与作者联系。

195 个国家 1960~2012 年的数据。由于存款保险制度可能存在内生性（Demirgüç-Kunt et al.，2008），为克服内生性问题，参照类似研究本节与显性存款保险制度相关的变量均采用滞后 1 期①。此外，为了考察在不同利率市场化水平下和利率市场化改革不同时期，显性存款保险制度的建立对于防范系统性银行危机的影响，本节加入了显性存款保险的滞后期与利率市场化水平以及表示利率市场化时期的虚拟变量之间的交互项。

由于各个国家显性存款保险制度的一些不同的具体设计和安排可能会影响其显性存款保险制度的有效性。为此，本节还着重考察了一些存在争论的显性存款保险制度设计和安排，如保障范围与额度、存款保险费率是否应基于风险调整、存款保险基金来源、存款保险基金管理、对存款人的赔付等，并依次定义虚拟变量“coins”“riskadjpr”“sof”“administ”“wholcomp”，分别表示“共同保险”“保费基于风险调整”“基金筹措”“存款保险基金管理”和“完全赔付”。具体而言，对于存在显性存款保险的国家，若存款人需要共同保险，即存款人的储蓄没有被 100% 保险覆盖，则虚拟变量“coins”取值为 1，否则取值为 0；若存款保险费率基于银行风险状况进行调整，则虚拟变量“riskadjpr”取值为 1，否则取值为 0；若资金基金筹措分别来源于银行、银行与政府、政府，则虚拟变量“sof”依次取值为 2、1、0；若存款保险基金分别由银行或私人部门管理、银行或私人部门与政府部门共同管理、政府部门管理时，则虚拟变量“administ”依次取值 3、2、1；若最后一次银行倒闭时对存款人完全赔付，则虚拟变量“wholcomp”取值为 1，否则取值为 0。

---

① 为了保证结果的稳健性，我们还选用显性存款保险的滞后 2 期作为显性存款保险的代理变量，以避免滞后期选择的随意性，实证结果表明，本节的主要结论并无明显变化。因篇幅限制，此部分结果未展示，如有需要请与作者联系。

（3）系统性银行危机。关于系统性银行危机，现有文献有许多定义，为了使定义与数据一致，本节采用世界银行的全球金融发展数据库（GFDD）及 Laeven 和 Valencia（2013）的定义。系统性银行危机指那些满足如下两个条件的事件：①银行系统出现严重的金融危机（以严重的银行挤兑、银行系统发生巨大损失、且/或银行被清算作为标志）；②为应对银行系统发生巨大的损失，采取了明显的银行干预措施（Laeven and Valencia，2013）。为进行计量分析，定义“sysbankcrises”为系统性银行危机虚拟变量[①]，如果一个国家发生系统性银行危机时取值为 1，否则取值为 0。本文系统性银行危机数据，主要来源于世界银行的全球金融发展数据库（GFDD），该数据库涵盖了 162 个国家 1970~2011 年的系统性银行危机数据。此外，我们根据 Laeven 和 Valencia（2013）的数据库，将系统性银行危机数据更新至 2012 年，以便能更好地包括此次全球金融危机。

（4）银行监管。定义“banksuperv”为银行监管程度变量。本节参照 Abiad 等（2008），将一国的银行监管程度划分为 4 类，即高度监管、监管较严、监管较松、无监管，银行监管强度”对应依次取值 3、2、1、0[②]。由于 Abiad 等（2008）的金融改革数据库仅涵盖 91 个国家 1973~2005 年的银行监管程度数据，本节在 Abiad 等（2008）数据基础之上，采用 Abiad 等（2008）银行监管程度指数构建方法，根据世界银行在 2007 年，以及 2012 年的最新调查数据库（Bank Regulation and Supervision Survey and Databases），对这 91 个国家的数据进行了更新与补充，更新后本

① 限于篇幅，关于系统性银行危机更为翔实的论述，可具体参考世界银行全球金融发展数据库（GFDD）、Laeven 和 Valencia（2013）相关翔实说明。

② 关于指标更为翔实的构建说明，可具体参见 Abiad 等（2008）的研究。

节的银行监管数据涵盖了 Abiad 等（2008）的金融改革数据库中的 91 个国家 1970~2012 年的数据。

（5）其他控制变量。本节其他控制变量的选取，主要参考现有关于银行危机研究的类似文献（Demirgüç-Kunt and Detragiache，1999，2002；Beck et al.，2004，2006），这些控制变量主要包括反映宏观经济状况并影响银行资产质量的实际 GDP 增长率（rgdpgr）；反映因外汇风险引起资本外逃导致银行体系脆弱性的 M2 与外汇储备的比率（m2_reserve）；由于信贷过度扩张易导致资产价格泡沫和金融危机，为此引入信贷增长率的滞后项（creditgr）；此外，以人均实际 GDP 水平（rgdppcp）控制不同国家的发展水平，以银行信贷与私人部门 GDP 比（privcred_gdp）控制一国的金融发展水平。上述数据均来源于世界银行 WDI 数据库。

（6）样本选择及其说明。由于本节旨在考察利率市场化，以及利率市场化时期存款保险制度的建立对于系统性银行危机的影响，综合所有数据的可得性，本节数据最终包括了 88 个国家 1970~2012 年的数据[①]，表 7-5 给出了主要变量的描述性统计结果[②]。本节数据与现有国内外类似研究相比，涵盖样本国家最广、样本时间跨度最长。

2. 模型设计

为了检验假设 1~假设 3，本节参照现有关于银行危机研究的类似文献（Demirgüç-Kunt and Detragiache，1999，2002；Beck et al.，2004，2006）建立面板 Logit 模型，面板 Logit 模型被广泛应用于研究银行危机、金融危机等研究中（Demirgüç-Kuntand

① 限于篇幅，本文样本具体涵盖的国家在此不再赘述，如有需要可与作者联系。
② 限于篇幅，其他控制变量的描述性统计结果如有需要可与作者联系。

表 7-5　主要变量描述性统计

变量名称	样本数	均值	标准差	最小值	最大值
sysbankcrises	3660	0.0973	0.2964	0	1
Lib	3559	0.1981	0.3986	0	1
Libtime①	3559	0.1981	0.3986	0	1
Libtime3	3559	0.1318	0.3383	0	1
Libtime5	3559	0.2090	0.4067	0	1
Libfull	3660	0.5098	0.5000	0	1
Ins	3660	0.4342	0.4957	0	1
coins	3660	0.0891	0.2849	0	1
riskadjpr	3660	0.1238	0.3294	0	1
sof	3660	0.2538	0.4561	0	2
administ	3660	0.6511	0.9354	0	3
wholcomp	3660	0.2410	0.4277	0	1
banksuperv	3635	0.9081	1.0157	0	3

注：Libtime、Libtime3 和 Libtime5 为利率市场化时期虚拟变量，分别表示利率市场化改革开始当年至利率市场化改革完成、改革当年起后 3 年、改革当年起后 5 年为 1，其他年份取值为 0。

Detragiache，2002；Beck et al.，2006；邱立成和殷书炉，2011）。设某时期 t 国家 i 发生系统性银行危机的概率是 X（i，t）的函数，X（i，t）由考察变量和控制变量构成的解释变量向量；P（i，t）为虚拟变量，当国家 i 时期 t 发生系统性银行危机时取值为 1，否则取值为 0；β 为 n 维系数向量，F［β′X（i，t）］为 β′X（i，t）的累积概率分布函数。该 Pannel Logit 模型的对数似然函数为：

$$LnL=\sum_{t=1,\cdots,T}\sum_{i=1,\cdots,n}\{P(i,t)\ln[F(\beta'X(i,t))]+[1-P(i,t)]\ln[1-F(\beta'X(i,t)]\} \quad 式（7-1）$$

其中，对于各考察变量和控制变量等解释变量前的估计系数符号，表示该变量增加时将提高或减少系统性银行危机发生的几率（对数发生比）。

具体而言，该 Pannel Logit 模型估计方程中解释变量为“sysbankcrises”，即是否发生系统性银行危机。考察变量为表示利率市场化水平的“Lib”或表示利率市场化时期的虚拟变量“Libtime”、表示显性存款保险的“Ins”、表示银行监管强度的“banksuperv”等变量。此外，为了考察在不同利率市场化水平下、利率市场化改革时期、利率完全市场化情况下，显性存款保险制度的建立对于防范系统性银行危机的影响有何不同，本节加入了显性存款保险的滞后期与利率市场化水平以及表示利率市场化改革不同时期的虚拟变量之间的交互项作为考察变量。控制变量设置参考现有关于银行危机研究的类似文献（Demirgüç-Kunt and Detragiache，1999，2002；Beck et al.，2004，2006），主要包括实际 GDP 增长率（rgdpgr）、M2 与国际储备比（m2_reserve）、信贷增长率（creditgr）、人均实际 GDP（rgdppcp）、银行信贷与私人部门 GDP 比（privcred_gdp）等。

在进行面板 Logit 建模时，存在着混合 Logit 模型、随机效应和固定效应的 Logit 模型选择问题。基于混合数据（Pooled Data）和面板数据（Panel Data）的 Logit 模型估计是否有显著差异常可采用似然比检验，若似然比检验表明存在显著差异的话，则使用面板 Logit 模型；随机效应和固定效应的 Logit 模型选择问题常可采用 Hausman 检验，但 Yair（1978）认为在一般情况下固定效应模型会耗费较大的自由度，与之相比随机效应模型显得更为合适。通过似然比检验表明面板 Logit 模型优于混合模型，Hausman 检验表明随机效应模型更为合适，为此本节主要报告了采用随机效应的 Logit 模型估计结果。当然，为了考察本节结果的稳健性，本节还进行了混合数据的 Logit 模型、固定效应的 Logit 模型和样本平均的 Logit 模型回归，结果表明本节的主要结论是相对稳健的[①]。同时，Wald 检验和 LL 检验表明，本节模型具有较好的可信性和稳健性。

3. 利率市场化、存款保险与系统性银行危机

表 7-6 报告了对假设 1 检验的回归结果，其中模型 1 总体分析利率市场化水平的提高和显性存款保险的建立对系统性银行危机发生概率的影响，模型 2~模型 4 着重考察利率市场化时期和存款保险制度的建立对系统性银行危机发生几率的影响，模型 5 重点分析了相对于利率管制时期完全利率市场化和存款保险制度的建立对系统性银行危机发生几率的影响。

在表 7-6 模型 1 中，表示利率市场化程度的变量 Lib 的系数均显著为正，表明利率市场化水平的提高将会使得一国发生系统性银行危机的几率显著提高。模型 2、模型 3、模型 4 中以不同方式衡量的利率市场化时期的虚拟变量 Libtime 系数均显著为正，回归结果均表明利率市场化时期一国发生系统性银行危机的几率将显著高于其他时期。模型 5 中虚拟变量 Libfull 也显著为正，表明相对于存在利率管制的时期，利率完全市场化后一国发生系统性银行危机的几率将会提高。这与许多既有理论和经验研究结论吻合（Stiglitz，1994；Demirgüç-Kunt and Detragiache，1999；Noy，2004）。

为了考察显性存款保险制度的建立是否有助于降低系统性银行危机发生几率，我们在各模型加入了表示显性存款保险制度的虚拟变量（Ins）、存款保险与利率市场化程度、利率市场化时期、利率完全市场化的虚拟变量的交叉项（Lib × Ins、Libtime × Ins 和 Libfull × Ins）。在模型 1 中，Ins 和 Lib × Ins 都不显

① 限于篇幅，本节仅报告基于随机效应模型的结果，如有需要可向作者索取基于混合数据的 Logit 模型、固定效应的 Logit 模型和样本平均 Logit 模型的结果。

著，表明就整个时期而言存款保险制度对于维护金融稳定的作用有限。在模型 2~模型 4 中，存款保险与利率市场化时期的虚拟变量交叉项 Libtime × Ins 分别为–0.771、–1.540 和–1.193，且均具有统计显著性，即显性存款保险的建立将使得利率市场化改革当年至利率市场化改革完成、利率市场化改革当年起后 3 年、利率市场化改革当年起后 5 年期间的系统性银行危机对数发生比（log odds）预测值分别降低 0.771、1.540 和 1.193，也就是说若建有显性存款保险将使得期间系统性银行危机发生几率比（odds ratio）降为不存在显性存款保险制度时的 0.46 倍、0.21 倍和 0.30 倍[①]。在模型 2~模型 4 中，Ins 显著为正表明利率市场化改革时期外的时间里，显性存款保险制度的金融稳定作用相对有限，主要表现为道德风险的增加。在模型 5 中，存款保险与完全利率市场化之后虚拟变量的交叉项 Libfull × Ins 虽然为负，但不具有统计显著性，表明完全利率市场化后显性存款保险的金融稳定效应降低。上述结果表明，利率市场化时期若存在显性存款保险制度，将有助于显著降低系统性银行危机的发生几率；但是完全利率市场化之后显性存款保险对降低系统性银行危机发生几率的作用相对有限[②]。

综上分析表明，利率市场化将增加银行系统性危机发生几率。虽然利率市场化进程完成后，由于存款保险制度导致的道德风险上升，存款保险制度的金融稳定效应可能并不明显；但是，若一国在利率市场化改革时期就建有存款保险制度，那么将有助于降低利率市场化时期的系统性银行危机发生几率。

---

① 关于发生几率比计算，当对数发生比预测值降低 0.771 时，将使发生几率比降为原来的 $e^{-0.771} \approx 0.46$ 倍。

② 在本节的 88 个样本国家中，总共有 80 个国家是先进行利率市场化改革后再进行存款保险制度建设的，只有 10 个国家是先建有存款保险制度然后再进行利率市场化改革，为此本节主要阐释利率市场化改革后显性存款保险制度建立是否有助于降低系统性银行危机的几率。

表 7-6　利率市场化、存款保险与系统性银行危机

	sysbankcrises				
VARIABLES	模型 1	模型 2	模型 3	模型 4	模型 5
Lib	0.319*** (0.090)				
Lib × Ins	-0.074 (0.170)				
Libtime		0.979*** (0.227)	0.957*** (0.231)	1.155*** (0.217)	
Libtime × Ins		-0.771* (0.405)	-1.540*** (0.489)	-1.193*** (0.372)	
Libfull					0.530** (0.240)
Libfull × Ins					-0.319 (0.382)
Ins	0.301 (0.464)	0.736*** (0.210)	0.733*** (0.200)	0.932*** (0.218)	0.556* (0.327)
rgdpgr	-0.195*** (0.017)	-0.188*** (0.017)	-0.191*** (0.016)	-0.191*** (0.017)	-0.192*** (0.016)
m2_reserve	0.004* (0.002)	0.003 (0.002)	0.003 (0.002)	0.003 (0.002)	0.004* (0.002)
creditgr	0.001*** (0.000)	0.001*** (0.000)	0.001*** (0.000)	0.001*** (0.000)	0.001*** (0.000)
rgdppcp	0.000** (0.000)	0.000*** (0.000)	0.000*** (0.000)	0.000*** (0.000)	0.000*** (0.000)
privcred_gdp	-0.001 (0.001)	-0.001 (0.001)	-0.001 (0.001)	-0.001 (0.001)	-0.001 (0.001)
Constant	-2.844*** (0.249)	-2.739*** (0.214)	-2.617*** (0.205)	-2.848*** (0.222)	-2.588*** (0.219)
Observations	2742	2742	2742	2742	2810
Number of country	88	88	88	88	88
Wald chi2	173.54***	174.57***	176.05***	180.49***	171.16***
Log likelihood	-821.25	-819.91	-820.08	-815.07	-842.77

续表

	sysbankcrises				
VARIABLES	模型 1	模型 2	模型 3	模型 4	模型 5
Hausman Test	0.170	0.173	0.252	0.190	0.163
LR testchibar2	54.30***	49.58***	54.74***	52.87***	56.71***

注：本节所使用的分析软件为 Stata 11.2；括号中为标准误；***、**、* 分别表示在 1%、5%和10%的水平下显著。表中模型 2~模型 4 中的虚拟变量 Libtime 分别表示利率市场化改革开始当年至利率市场化改革完成、改革当年起后 3 年、改革当年起后 5 年为 1，其他年份取值为 0。

4. 利率市场化、存款保险、银行监管与系统性银行危机防范

为了验证假设 2，较严的银行监管是否有助于限制存款保险导致的道德风险，降低利率市场化改革时期和利率市场化完成后的系统性银行危机发生的几率，我们做了如下两个方面的检验：①增加反映各国银行监管强度的控制变量，考察加强银行监管是否能有效降低系统性银行危机发生几率；②根据各国银行监管强度进行分样本回归，考察在监管强度较高的国家存款保险能否更好地发挥金融稳定作用、降低系统性银行危机发生几率。

表 7-7 报告了增加反映各国银行监管强度的控制变量 banksu-perv 后的回归结果。表 7-7 回归结果显示，银行监管强度与系统性银行危机发生几率显著负相关，表明加强银行监管将显著就将显著降低系统性银行危机发生几率。此外，表 7-7 结果进一步显示，关于利率市场化将增加银行系统性危机发生几率、存款保险制度有助于降低利率市场化改革时期银行系统性危机发生几率，但利率市场化完成后的金融稳定效应有限的结论十分稳健。

表 7–7　利率市场化、存款保险、金融监管与系统性银行危机防范

	sysbankcrises			
VARIABLES	模型 1	模型 2	模型 3	模型 4
Libtime	0.911*** (0.231)	0.808*** (0.234)	1.017*** (0.221)	
Libtime × Ins	−1.152*** (0.415)	−1.819*** (0.493)	−1.524*** (0.382)	
Libfull				0.900*** (0.249)
Libfull × Ins				−0.022 (0.393)
Ins	1.419*** (0.245)	1.393*** (0.233)	1.601*** (0.253)	0.966*** (0.345)
banksuperv	−0.670*** (0.116)	−0.685*** (0.115)	−0.668*** (0.117)	−0.847*** (0.117)
rgdpgr	−0.180*** (0.017)	−0.184*** (0.017)	−0.183*** (0.017)	−0.184*** (0.017)
m2_reserve	0.002 (0.002)	0.002 (0.002)	0.002 (0.002)	0.002 (0.003)
L2.creditgr	0.001*** (0.000)	0.001*** (0.000)	0.001*** (0.000)	0.001*** (0.000)
rgdppcp	0.000*** (0.000)	0.000*** (0.000)	0.000*** (0.000)	0.000*** (0.000)
privcred_gdp	0.000 (0.001)	0.000 (0.001)	0.000 (0.001)	0.000 (0.001)
Constant	−2.7880*** (0.250)	−2.6498*** (0.239)	−2.8522*** (0.253)	−2.7424*** (0.260)
Observations	2728	2728	2728	2792
Number of country	88	88	88	88
Wald chi2	184.56***	187.86***	190.19***	195.87***
Log likelihood	−799.24	−798.25	−795.12	−809.68
Hausman Test	0.152	0.225	0.216	0.109
LR testchibar2	64.68***	69.47***	66.25***	75.57***

注：模型 1~模型 3 中的虚拟变量 Libtime 分别表示利率市场化改革开始当年至利率市场化改革完成、改革当年起后 3 年、改革当年起后 5 年为 1，其他年份取值为 0。

表 7–8 根据各国银行监管强度是否大于世界各国的总体平均水平分为两类：监管严和监管弱的国家进行了分样本回归。表 7–8 中除模型 7 和模型 8 以外，均表示存款保险的虚拟变量 Ins，对于监管严的国家都显著为负，而对于监管弱的国家均显著为正，也就是说，银行监管严的国家显性存款保险导致的道德风险相对较小，主要表现为金融稳定效应，降低了系统性银行危机发生的几率；而银行监管弱的国家显性存款保险导致的道德风险相对较大。此外，回归结果显示，对于银行监管弱的国家，Libtime × Ins 均显著为负，表明即使银行监管强度较低的国家，若在利率市场化时期建有显性存款保险制度，也将有助于显著降低利率市场化改革与过渡时期的系统性银行危机发生几率。另外，模型 7 和模型 8 的结果显示，虽然表示显性存款保险的虚拟变量均不显著，但对于监管严的国家 Libfull × Ins 显著为负，表明对于银行监管严的国家，利率市场化进程完成后，显性存款保险也有助于降低银行系统性危机发生几率。

表 7–8　利率市场化、存款保险、银行监管强度与系统性银行危机

	sysbankcrises							
VARIABLES	模型 1	模型 2	模型 3	模型 4	模型 5	模型 6	模型 7	模型 8
	监管严	监管弱	监管严	监管弱	监管严	监管弱	监管严	监管弱
Libtime	0.717 (0.535)	1.281*** (0.269)	1.0239** (0.5144)	0.9817*** (0.2781)	1.9397*** (0.4929)	1.0812*** (0.2572)		
Libtime × Ins	1.294 (1.092)	−1.437*** (0.443)	−3.8556 (3.7751)	−1.4704*** (0.5127)	−1.6518* (0.9880)	−1.1076*** (0.4143)		
Libfull							1.097* (0.568)	0.314 (0.305)
Libfull × Ins							−3.164*** (0.938)	0.484 (0.458)
Ins	−1.692*** (0.541)	1.200*** (0.257)	−1.3030** (0.5204)	0.9991*** (0.2381)	−0.8271** (0.3643)	1.1260*** (0.2560)	1.124 (0.839)	0.187 (0.369)

续表

	sysbankcrises							
VARIABLES	模型 1	模型 2	模型 3	模型 4	模型 5	模型 6	模型 7	模型 8
rgdpgr	-0.252*** (0.042)	-0.165*** (0.020)	-0.2611*** (0.0415)	-0.1666*** (0.0193)	-0.2827*** (0.0432)	-0.1638*** (0.0193)	-0.271*** (0.042)	-0.165*** (0.019)
m2_reserve	-0.009** (0.004)	0.015*** (0.005)	-0.0086** (0.0036)	0.0159*** (0.0049)	-0.0090** (0.0037)	0.0159*** (0.0049)	-0.009** (0.004)	0.019*** (0.005)
L2.creditgr	-0.007** (0.003)	0.001*** (0.000)	-0.0069** (0.0031)	0.0012*** (0.0004)	-0.0084*** (0.0032)	0.0011*** (0.0004)	-0.006** (0.003)	0.001*** (0.000)
rgdppcp	0.000*** (0.000)	0.000 (0.000)	0.0001*** (0.0000)	-0.0000 (0.0000)	0.0001*** (0.0000)	-0.0000 (0.0000)	0.000*** (0.000)	0.000 (0.000)
privcred_gdp	0.045*** (0.009)	-0.004*** (0.001)	0.0432*** (0.0091)	-0.0039*** (0.0013)	0.0451*** (0.0093)	-0.0039*** (0.0013)	0.044*** (0.009)	-0.005*** (0.001)
Constant	-7.127*** (1.222)	-2.648*** (0.230)	-6.6301*** (1.1313)	-2.3827*** (0.2118)	-7.6762*** (1.2658)	-2.5511*** (0.2271)	-7.512*** (1.229)	-2.248*** (0.208)
Observations	1082	1660	1082	1660	1082	1660	1092	1718
Number of country	40	48	40	48	40	48	40	48
Wald chi2	75.27***	112.49***	74.07***	107.23***	76.80***	110.11***	78.98***	110.21
Log likelihood	-272.74	-493.88	-272.19	-498.80	-266.79	-496.66	-281.63	-506.29
Hausman Test	0.163	0.263	0.2658	0.3272	0.2161	0.3275	0.286	0.320
LR testchibar2	81.00***	15.74***	74.07***	20.10***	77.10***	18.98***	83.35***	17.12***

注：表中模型 1 和模型 2、模型 3 和模型 4、模型 5 和模型 6 中的虚拟变量 Libtime 分别表示利率市场化改革开始当年至利率市场化改革完成、改革当年起后 3 年、改革当年起后 5 年为 1，其他年份取值为 0。

综上分析表明，加强银行监管有助于降低系统性银行危机发生几率。对于银行监管严的国家来说，显性存款保险导致的道德风险相对较小，主要表现为金融稳定效应，降低了系统性银行危机发生的几率，即使在利率市场化进程完成以后，存款保险也有助于系统性银行危机的防范。对于银行监管强度较低的国家来说，虽然显性存款保险导致的道德风险相对较大，但是若银行监管强度较低的国家在利率市场化改革时期建有显性存款保险制度，也将有助于显著降低利率市场化时期的系统性银行危机发生几率。

5. 系统性银行危机防范与存款保险制度设计

许多学者认为，存款保险制度的设计特征可能会影响银行风险以及银行系统稳定性（Demirguc-Kunt and Detragiache，2002；Anginer et al.，2013）。那么怎样的存款保险制度设计与安排，能更有效地避免银行道德风险、防范系统性危机发生？

存款保险制度设计与安排一般主要包括以下几个方面：①保障范围与额度，其中最为重要的争论问题是存款人是否需要共同保险（Co-insurance），即存款人的储蓄是否被100%保险覆盖，一般而言，当存款人需要共同保险时将激励存款人对银行的市场监督，提高市场约束力；②存款保险费率是否基于风险调整，大多数学者认为，基于风险调整的存款保险费率设计有助于降低银行道德风险（Hellman et al.，2000）；③存款保险基金筹措，存款保险基金筹措可分为三种来源，即银行、政府和银行、政府，通常认为当存款保险基金筹措来源于政府时导致的银行道德风险最大，来源于银行时导致的道德风险最小（Demirguc-Kunt and Detragiache，2002）；④存款保险基金管理，对存款保险基金的管理通常分为由银行或私人部门管理、银行或私人部门与政府部门共同管理、政府部门管理三类，一般认为如果银行有更多的信息相互监督时，存款保险基金由银行组成的机构管理将比由政府管理更能有效防止对存款保险的滥用（Demirguc-Kunt and Detragiache，2002）；⑤银行倒闭时对存款人的赔付，若银行倒闭时对存款人完全赔付通常会降低存款人对银行道德风险的市场约束。

表 7-9　系统性银行危机防范与存款保险制度设计

	sysbankcrises			
VARIABLES	模型 1	模型 2	模型 3	模型 4
Libtime	0.870*** (0.230)	0.781*** (0.234)	0.996*** (0.220)	
Libtime × Ins	−1.092*** (0.412)	−1.706*** (0.495)	−1.354*** (0.385)	
Libfull				0.900*** (0.249)
Libfull × Ins				−0.043 (0.392)
Ins	2.359*** (0.383)	2.267*** (0.372)	2.431*** (0.380)	1.799*** (0.455)
banksuperv	−0.701*** (0.116)	−0.713*** (0.116)	−0.686*** (0.117)	−0.876*** (0.117)
coins	−1.053*** (0.371)	−1.097*** (0.373)	−1.061*** (0.371)	−1.169*** (0.378)
riskadjpr	0.073 (0.274)	0.091 (0.274)	0.089 (0.273)	0.236 (0.273)
sof	−0.851*** (0.228)	−0.820*** (0.227)	−0.838*** (0.229)	−0.727*** (0.226)
administ	−0.305* (0.161)	−0.270* (0.162)	−0.248 (0.162)	−0.313* (0.163)
wholcomp	0.210 (0.247)	0.216 (0.248)	0.199 (0.247)	0.321 (0.250)
rgdpgr	−0.173*** (0.017)	−0.176*** (0.017)	−0.176*** (0.017)	−0.178*** (0.017)
m2_reserve	0.002 (0.002)	0.002 (0.002)	0.002 (0.002)	0.003 (0.003)
creditgr	0.001*** (0.000)	0.001*** (0.000)	0.001*** (0.000)	0.001*** (0.000)
rgdppcp	0.000*** (0.000)	0.000*** (0.000)	0.000*** (0.000)	0.000*** (0.000)
privcred_gdp	−0.001 (0.001)	−0.001 (0.001)	−0.001 (0.001)	−0.001 (0.001)

续表

	sysbankcrises			
VARIABLES	模型 1	模型 2	模型 3	模型 4
Constant	-2.694*** (0.241)	-2.577*** (0.233)	-2.778*** (0.246)	-2.687*** (0.253)
Observations	2728	2728	2728	2792
Number of country	88	88	88	88
Waldchi2	205.85***	207.63***	210.08***	214.44***
Loglikelihood	-785.84	-785.11	-782.21	-795.97
Hausman Test	0.1967	0.1261	0.1174	0.1432
LR testchibar2	49.93***	56.10***	53.33***	63.88***

注：模型 1~模型 3 中的虚拟变量 Libtime 分别表示利率市场化改革开始当年至利率市场化改革完成、改革当年起后 3 年、改革当年起后 5 年为 1，其他年份取值为 0。

表 7-9 报告了关于显性存款保险的一些制度设计与安排对银行系统性危机发生几率的影响。结果显示，表示存款人是否需要共同保险（即存款人的储蓄是否被 100%保险覆盖）的虚拟变量“coins”均显著为负，表明对于建立显性存款保险制度的国家，若存款人需要共同保险，即存款人的储蓄没有被 100%保险覆盖，那么将激励存款人对银行的市场监督、提高市场约束力，将显著降低该国系统性银行危机发生几率，模型 1~模型 4 中共同保险系数表明共同保险将使系统银行危机对数发生比预测值降低 1.05~1.17，换句话说将使实行共同保险国家的系统银行危机发生比或发生几率降为不实行共同保险国家的 0.31~0.35 倍左右。表示存款保险费率是否基于风险调整的虚拟变量“riskadjpr”均不显著且符号为正，表明基于风险调整的保险费率设计并不能有效降低系统性银行危机发生概率，这与现有的理论研究大多相左，其原因可能在于尽管基于风险调整的存款保险费率从理论上说有助于减少银行进行投机的动机，但是监管者在实践中要有效地实施该政策以及恰当界定风险面临诸多

挑战（Hellmann et al.，2000）。表示存款保险基金筹措来源的虚拟变量“sof”均显著为负，表明若存款保险基金来源银行将比来源于政府更能防止银行道德风险、有效降低该国系统性银行危机发生几率。此外，表示存款保险基金由银行或私人部门管理，还是由政府部门管理的虚拟变量“administ”，除了模型 3 以外均显著为负，表明存款保险基金由银行组成的机构管理时将比由政府管理更能有效防止对存款保险的滥用和寻租更能降低系统性银行危机发生几率。表示银行倒闭时对存款人是否完全赔付的虚拟变量“wholcomp”符号均为正且都不显著，表明建有存款保险的国家若银行倒闭时对存款人是否完全赔付，对于系统性银行危机发生几率的影响并不太明显。

综上分析表明，对于建有显性存款保险制度的国家，存款人需要共同保险，通过银行筹措存款保险基金而非由政府出资等有助于加强市场约束、避免银行道德风险、防止存款保险被滥用的制度设计和安排，将有助于降低系统性银行危机发生几率，促进金融稳定。

6. 稳健性分析

为了确保结论的可靠性，我们进行了以下几个方面的稳健性检验①。

首先，关于内生性问题的检验。由于利率市场化以及银行系统的脆弱性，可能会影响存款保险制度的选择，即可能存在内生性问题。为了克服由此可能导致的估计问题，我们参照 Demirgüç-Kunt 和 Detragiache（2002）等的做法，采用两阶段面板 Logit 模型进一步稳健性分析。具体分析步骤如下：第一阶段采用 Logit 模型估计实行显性存款保险制度的概率，并以之作为

① 因篇幅限制，如有需要，各稳健性分析具体结果请向作者索取。

第二阶段估计系统性银行危机发生几率时显性存款保险的代理变量。结果显示，本节基本结论并未发生变化。

其次，由于本节根据 Abiad 等（2008）的利率市场化程度指数以及银行监管程度指数构建方法，基于世界银行 2007 年和 2012 年的调查数据对利率市场化程度指数以及银行监管程度指数进行了更新，使之包含 2006~2012 年的数据。但出于结论稳健性的考虑，为了避免本节对数据更新可能对研究结论造成影响，本节仅采用 Abiad 等（2008）金融改革数据库数据，剔除本节更新的数据后，结果表明各主要变量的系数符号和显著性与剔除之前相比并无多大变化。

再次，鉴于面板 Logit 模型在对所有截面总体的对数似然函数进行优化时，使用 M-point Gauss-Hermite 正交方法计算积分，该算法对点数的选择比较敏感，可能导致模型估计结果变得相当敏感。为此，本节在估计完模型后，采用 Quadrature Check 进行了敏感性测试。敏感性分析结果表明，M=8 和 M=16 条件下的模型估计结果，与默认 M=12 条件下的估计结果相比较，在 M 取不同值时，相关参数的偏离程度基本都小于 0.01%，本节模型估计对计算方法的选择是不敏感的，本节面板 Logit 模型估计的结果是比较可靠的。

最后，出于稳健性考虑我们还分别采用混合 Logit、随机效应、固定效应和样本平均 Logit 模型，对本节主要的回归式分别进行了估计，结果表明本节各主要结论亦非常稳健。

综上各项稳健性分析结果表明，本节前文所论述的主要研究结论是可靠的。

三、结论与政策含义

本节基于全球 88 个国家 1970~2012 年的面板数据，研究了利率市场化改革和显性存款保险建设对于一国系统性银行危机发生几率的影响。研究发现：①利率市场化将增加系统性银行危机发生几率，若一国在利率市场化改革时期建有存款保险制度，那么将有助于降低利率市场化改革时期的系统性银行危机发生几率、增进系统稳定性。但是，当利率市场化进程完成后，由于存款保险制度导致的银行道德风险上升，存款保险制度的金融稳定效应并不明显。就整个时期而言，存款保险制度对于维护金融稳定、降低系统性银行危机发生概率的作用也有限。②加强银行监管有助于降低系统性银行危机发生几率。对于银行监管较严的国家来说，显性存款保险导致的道德风险相对较小，主要表现为金融稳定效应。对于银行监管较松的国家来说，显性存款保险导致的道德风险相对较大，增加了系统性银行危机的几率，但是这类国家若在利率市场化改革时期建有显性存款保险制度，也将显著降低利率市场化时期的系统性银行危机发生几率。③对于建有显性存款保险制度的国家，共同保险、通过银行筹措存款保险基金而非由政府出资等有助于加强市场约束、避免银行道德风险、防止存款保险被滥用的制度设计和安排，将有助于促进金融稳定、降低系统性银行危机发生几率。

现有经验研究普遍认为，显性存款保险制度将导致银行道德风险，从而将削弱银行体系的稳定性、提高系统性银行危机发生几率（Demirguc-Kunt and Detragiache，2002；Demirguc-Kunt and Huizinga，2004；Ioannidou and Penas，2010 等）。而本节采用比既有研究样本国家更多、时间跨度更大（包括 88 个国家 1970~2012 年）的面板数据经验研究发现，尽管就整个时期所有国家总体而言，显性存款保险制度的金融稳定净效应并不明显，但是在利率市场化改革与过渡时期，以及银行监管较严的国家，显性存款保险制度的金融稳定效应大于其导致的道德风险带来的非稳定效应，一些有助于加强市场约束、避免银行道德风险、防止存款保险被滥用的显性存款保险制度设计和安排，也将有助于降低系统性银行危机发生几率。因此，本节研究具有明显的政策含义。首先，在我国深化利率市场化改革时期，显性存款保险制度的建成，将有助于防范利率市场化时期的系统性银行危机发生；其次，存款保险制度建设，应与宏观审慎监管等政策协调，与加强对银行的监管相结合；最后，存款保险制度中关于共同保险、通过银行筹措存款保险基金而非由政府出资等机制的设计，有助于加强市场约束、避免银行道德风险、防止存款保险被滥用，有助于有效防范利率市场化后的系统性银行危机发生。

【第八章】

关于中国系统性金融风险的监管策略建议[1]

在当前国内外经济金融形势下，如何在深化金融改革、稳步推进金融创新的同时，打好防范化解金融风险攻坚战，是关乎我国金融安全和金融发展成败的关键所在，也是关乎我国能否如期实现全面建成小康社会目标的关键所在。

第一节　我国系统性风险的普适性与特殊性

打好这场攻坚战，守住不发生系统性金融风险的底线，首先要厘清以下两个问题。

一是防控个别的、一般的金融风险（即微观风险）与防控整体的系统性金融风险（即宏观风险）有着根本区别。金融天

① 本章主体部分已发表于《改革》2017 年第 8 期，原题为《系统性金融风险的监管策略》。

然有风险，不影响金融系统性稳定目标的微观金融风险是可以接受的。确保每个微观金融机构的安全，不但不能保证宏观金融系统性稳定，而且可能损害到金融资源配置机能，甚至反而导致系统性金融风险的发生。俄罗斯在 1998 年的金融危机中，由于大部分金融机构为满足监管要求和自身风控要求，将波动率高的资产置换为安全资产，出现了一致的单边交易行为，直接导致了资产价格快速下跌和市场流动性的大幅下降。这本是以防控微观金融风险为目的的业务行为，反而导致了系统性金融风险爆发的典型案例。所以，我们防范系统性金融风险，并非要消灭微观金融风险，更不是把所有风险点都挖出来，然后抽贷断贷，让潜在的风险变成现实的风险。我们防范系统性金融风险，恰恰是要通过一系列制度安排和技术手段，防止潜在风险现实化、微观风险宏观化、局部风险系统化、系统风险全面化。

二是中国当前面临的金融系统性风险，具有显著不同于其他国家的特征。中国的金融体系近年来的发展日益庞大、不透明且相互关联，金融系统性风险不断积聚。但是，中国系统性金融风险具有显著不同于西方国家的特征，因此不能生搬硬套西方国家所形成的系统性金融风险识别、监管、救助的一系列经验做法，这是由我国经济政治发展的历史沿革及当前转轨时期的特殊政治经济环境所决定的。其一，大数据、人工智能在中国的快速发展与互联网金融、FinTech、电子商务等新型金融业态的快速发展并驾齐驱，这实际上大大拓展了金融系统的触角和运营边界。这些新型金融业态的飞速发展，连同影子银行体系的过度扩张是此前任何经济体都不曾经历过的新现象，经典理论也未曾有所涉猎，这使得中国系统性金融风险的管理面临着更大的机遇和挑战。其二，在系统性金融风险管控经验中，识别和监控系统重要性金融机构是重要手段。因此，美国在处理其历史上最大的破产事件之一——安然事件时，虽然安然通过建立关联企业大量融资，但由于其不具有金融体系的系统重要性，美国当局正确选择了不对其实施救助；而在雷曼兄弟倒闭案例中，美国错误地选择了任由这一具有金融系统重要性的机构破产倒闭，此举直接导致了2008年以来的系统性金融危机的爆发和蔓延。但在我国的金融系统性风险链条中，由于体制机制原因，那些在西方国家不具有金融系统重要性的非金融企业（主要是大型国有企业和一些大型的民企），其风险同样具有了金融系统性重要作用。这是由于经济政治发展的历史沿革，我国的经济体系在部门分配方面较西方国家有较大区别，这种经济资源在各部门分配方式的不同，造成了在杠杆累积及流动性风险分布方面存在一定的特殊性。例如，近些年所爆发出的僵尸企业债务、地方政府融资平台等问题，这些问题所催生出的政府隐性债务问题，会对金融系统的稳定性带来极大冲击，成为系统性金融风险事件的导火索。所以，我国系统性金融风险的判断、处置原则必然是不一样的。其三，中国的金融体制仍处于市场化改革进程之中，系统性金融风险的累积与生成机制与现有经典理论所刻画的情形有着较大差别。中国的金融系统性风险，是正处于转型升级、结构调整和财政金融改革进程中的风险，是上一轮扩张期实体经济供需失衡，经济周期性、结构性、体制性矛盾叠加在金融领域的风险积累和反映。因此，我国的金融系统性风险管理，不同于西方国家的更多地依靠技术性手段，而是更多地依靠进一步深化改革，从源头上治理风险。无论是影子银行、地方债务还是房地产泡沫，其风险都需要通过进一步的改革来克服。此外，在外源性冲击方面，中国在全球经济体系中的特殊地位与在资本管制等经济政策制定方面的审慎态度，也造成中国系统性金融风险在传染与扩散机制上的特殊性。

第二节 推进以系统性金融风险防控为目标的监管改革

要想守住不发生系统性金融风险的底线，在正确认识我国金融系统性风险的普适性和特殊性的基础上，以金融系统性风险防控为目标的统筹监管改革应该要注意以下几个经验事实。

第一，系统性金融风险的监管一定要避免“单一标准”。原因至少有以下三点：一是国际上公布的一系列标准和准则，主要是基于发达国家系统性危机防范和控制经验提出的，是针对西方国家面临的主要矛盾和问题提出的，因此对这些标准的简单执行，不仅可能无法完全适应我国经济金融改革发展过程中出现的差异性情况，甚至可能对我国造成较大的负面影响；二是如果对所有的微观审慎监管对象都遵循同样的“最佳”标准，将会直接导致金融机构的资产、负债组合变得同质化，这虽然使机构在面对特有风险时显得稳健，但是多样化的缺失却降低了系统整体承受系统性冲击的能力——从这一点来讲，微观审慎监管与宏观审慎监管之间存在着矛盾；三是许多宏观审慎工具能够有效地遏制杠杆率、资产规模、非核心对核心负债比率的增长，但对于不同政策类型和周期阶段，工具的效果也有差异。例如，旨在降低金融系统脆弱性的工具在扩张阶段能很好地管控风险，但是在收缩阶段却会妨碍金融体系的恢复；而旨在构建缓冲的工具在扩张阶段能够降低银行业风险，在下行阶段也能缓解更进一步的负面影响。因此，基于系统性金融风险的监管应该是科学的、灵活的，而不是简单的、僵化的。

第二，系统性金融风险的监管要同时关注不同机构业务的同质化程度和多样化业务之间的紧密程度。首先，金融机构同质化程度越高，系统性金融风险水平就越高。我国金融机构（特别是银行系统）之间的业务过于相似，即使单个银行做到了分散化经营，整个银行业同质化程度过高时，银行业务紧密性过高，也会造成银行系统的脆弱及不稳定，一家银行陷入困境时，其他银行也会面临相似的困境。所以，监管机构应该激励多样化的资产负债结构、商业模式以及风险管理系统，维护金融体系的多样性，促进金融稳定性。但是，银行在进行多元化经营时，还应注意银行之间资产配置的非相关性，否则，即便经营多元化可以降低单个银行的风险，但是银行之间业务过于紧密反而会增加系统性金融风险，不利于银行业系统性稳定。所以，系统性金融风险的监管要同时关注不同机构业务的同质化程度和多样化业务之间的紧密程度。

第三，系统性金融风险监管要关注不同金融机构的相似风险暴露现象。特别是我国存在较为显著的相似的外汇风险暴露和利率风险暴露。在这种情形下，外部冲击因素甚至无须通过复杂的传染途径就可以直接引发大规模系统性金融危机。我国存在的相似风险暴露现象，与利率市场化和汇率市场化程度不够高有关系。因此，我们应在密切关注相似风险暴露的同时，积极推动金融市场化的进一步深入改革。

第四，要更多依靠多元交叉的大数据和新的科技手段，建立新的系统性金融风险理论基础和关键风险识别指标体系。对于传统金融风险的管控，应该更多依靠法律和制度建设，对于风险的处理应该更多依靠市场化手段；而对于由科技驱动的蓬勃发展的以互联网金融为代表的新业态来说，在依靠法律和制度建设之外，更要充分依靠大数据和科技手段。大数据资源平台的构建，使得刻画“灰犀牛”式系统性金融风险累积与扩散路径变得更具可操作性，也为借助金融制度设计理论和系统风险生成理论重新认知微观主体、金融系统、产业经济，乃至政府间的激励相容、决策机制和互动机制提供绝佳的契机。借助上述手段，将可以大大提升政府对于是否干预系统性风险网络的关键节点的准确判断，提升在选择以何种方式、手段方面进行干预决策的科学性。借助大数据，将中国经济部门被看作是互相关联的资产、负债与担保的组合，用大数据信息流动态追踪其变化，是可以分析部门间的风险转移以及风险在公共部门的接力情况的。唯有借助大数据和人工智能建立更精确的风险识别和管理系统，才能支持监管部门和政策制定者区分常态时期的风险监测、治理操作，与系统性金融风险加剧时期的关键节点机构识别、干预和救助等操作；才能真正建立起一种既保护创新和竞争、提升金融效率，又能有效管控系统性金融风险的系统性金融风险的治理框架。

第五，统筹监管不同于分业监管，对于科学的统筹监管来说，一定要能够准确判断在不同时期，不同金融机构间系统性金融风险传染的影响因素有何变化；也一定要能够了解不同周期、不同改革政策出台后，不同类型金融机构的跨业传染方向有何不同。例如，从各金融机构资产负债表数据动态变化的分析发现，当整体金融系统性风险水平较低时，各机构间系统性金融风险传染主要受杠杆率的影响；而当整体金融系统性风险水平较高时，系统性金融风险传染主要是受机构间联系密切程度的影响，特别是各机构间通过负债渠道的系统性金融风险传染水平很高。再例如，数据分析发现，2012 年，我国存在保险业对银行业和证券业的系统性风险同期跨业传染；2013 年，存在银行业与其他金融业对证券业以及证券业对保险业的系统性风险同期跨业传染；2015 年，存在银行业与其他金融业对证券业，以及证券业对保险业的系统性风险同期跨业传染；2016 年，则存在银行业和证券业对其他金融业的系统性风险同期跨业传染。因此，只有依托更科学的研究，才能更好地掌握金融系统性风险的传染因素、方向等的动态变化，才能对金融系统性风险的干预手段、时机、对象、方向等有更科学、更准确的判断。

第六，要重视维护我国金融系统流动性稳定。在甄别系统重要性金融机构时，不仅要重视那些因规模“太大”而具有系统重要性的金融机构，更要重视那些因资产、负债“联系太紧密”而具有系统重要性的金融机构，也要重视那些从流动性风险角度看太重要的金融机构。相关测算表明，2009~2016 年，我国各银行的流动性风险的系统性重要程度是不一样的，但是其流动性风险系统重要程度具有相对的稳定性，变化不大。因此，为防范我国系统流动性风险的积累与危机的发生，降低系统重要性机构可能导致的负向外部性以及道德风险问题，必须加强对非危机时期系统重要性机构的监管，这样能够较好地限制危机期间负向外部性较大的系统重要性机构的道德风险。同时，必须对系统重要性最大的那些银行、系统重要性次之的银行，以及系统重要性相对较小的银行采取差别性监管要求。

第七，要重视基于支付系统的系统性风险的管理。系统性金融风险的传染性主要源于其复杂网络的相互交叉关联性，现有的系统性金融风险管理，更多地关注了资产负债关联数据。伴随着我国大数据、互联网金融的快速发展，利用大额支付系统提供的海量实时数据来观察复杂金融网络，从而考察系统性金融风险显得尤为重要并可行。大额支付系统是银行之间、国家收支、实行国家货币控制手段的必经途径，提供了较为全面和连续实时的金融交易数据，不仅反映了金融机构的流动性管理行为，而且反映了整体金融市场流动性状况和中央银行的货币政策情况，因此能够有效弥补仅依靠银行间信用数据来构建金融网络的不足。

参考文献

［1］巴曙松，王璟怡，杜婧. 从微观审慎到宏观审慎：危机下的银行监管启示［J］. 国际金融研究，2010（5）：83–89.

［2］巴曙松，居姗，朱元倩. 我国行业系统性违约风险——基于 Systemic CCA 方法的分析［J］. 金融研究，2013（9）：71–83.

［3］白雪梅，石大龙. 中国金融系统的系统性风险度量［J］. 国际金融研究，2014（6）：75–85.

［4］包全永. 银行系统性风险的传染模型研究［J］. 金融研究，2005（8）：72–84.

［5］陈建青，王擎，许韶辉. 金融行业间的系统性金融风险溢出效应研究［J］. 数量经济技术经济研究，2015（9）：89–99.

［6］陈守东，王妍. 我国金融机构的系统性金融风险评估——基于极端分位数回归技术的风险度量［J］. 中国管理科学，2014（7）：10–17.

［7］陈尾虹，唐振鹏. 金融机构系统性风险研究述评——基于机制、测度与监管视角［J］. 当代财经，2016（5）：57–67.

［8］陈晓红，张泽京，王傅强. 基于 KMV 模型的我国中小

上市公司信用风险研究［J］. 数量统计与管理，2008（1）：164-175.

［9］程棵，陆凤彬，杨晓光. 次贷危机传染渠道的空间计量［J］. 系统工程理论与实践，2012（3）：483-496.

［10］邓超，陈学军. 基于多主体建模分析的银行间网络系统性风险研究［J］. 中国管理科学，2016（1）：67-75.

［11］邓向荣，曹红. 系统性风险、网络传染与金融机构系统重要性评估［J］. 中央财经大学学报，2016（3）：52-60.

［12］范国斌，曾勇，黄文光. 一种多资产组合风险度量解决之道：正则藤 Copula［J］. 数量经济技术经济研究，2013（1）：88-102.

［13］范小云. 繁荣的背后：金融系统性风险本质、测度与管理研究［M］. 北京：中国金融出版社，2006.

［14］范小云. 系统性金融风险的监管策略［J］. 改革，2017（8）：48-51.

［15］范小云，方意，王道平. 我国银行系统性风险的动态特征及系统重要性银行甄别——基于 CCA 与 DAG 相结合的分析［J］. 金融研究，2013（11）：82-94.

［16］范小云，王道平，方意. 我国金融机构的系统性风险贡献测度与监管——基于边际风险贡献与杠杆率的研究［J］. 南开经济研究，2011（4）：3-20.

［17］范小云，王道平，刘澜飚. 规模、关联性与中国系统重要性银行的衡量［J］. 金融研究，2012（10）：16-30.

［18］方意. 系统性风险的传染渠道与度量研究——兼论宏观审慎政策实施［J］. 管理世界，2016（8）：32-57.

［19］冯超，王银. 我国商业银行系统性风险处置研究——基于银行间市场网络模型［J］. 金融研究，2015（1）：166-176.

［20］ 高波，任若恩. 基于时变 Copula 模型的系统流动性风险研究［J］. 国际金融研究，2015（12）：85-93.

［21］ 高国华，潘英丽. 银行系统性风险度量——基于动态 CoVaR 方法的分析［J］. 上海交通大学学报，2011（12）：1753-1759.

［22］ 高国华，潘英丽. 基于资产负债表关联的银行系统性风险研究［J］. 管理工程学报，2012（4）：162-168.

［23］ 高国华，潘英丽. 基于动态相关性的我国银行系统性风险度量研究［J］. 管理评论，2013（1）：9-14.

［24］ 葛志强，姜全，闫兆虎. 我国系统性金融风险的成因、实证及宏观审慎对策研究［J］. 金融发展研究，2011（3）.

［25］ 宫小琳，卞江. 中国宏观金融中的国民经济部门间传染机制［J］. 经济研究，2010（7）：79-90.

［26］ 宫晓琳. 量化分析中国宏观金融风险及其演变机制［D］. 山东大学博士学位论文，2011.

［27］ 宫晓琳. 未定权益分析方法与中国宏观金融风险的测度分析［J］. 经济研究，2012（3）：76-87.

［28］ 宫晓琳，陈增敬，张晓朴，杨淑振. 随机极限正态分布与审慎风险监测［J］. 经济研究，2014（9）：135-148.

［29］ 宫晓琳，杨淑振，胡金焱，张宁. 非线性期望理论与基于模型不确定性的风险度量［J］. 经济研究，2015（11）：133-147.

［30］ 苟文均，袁鹰，漆鑫. 债务杠杆与系统性风险传染机制——基于 CCA 模型的分析［J］. 金融研究，2016（3）：74-91.

［31］ 郭晔，赵静. 存款竞争、影子银行与银行系统风险——基于中国上市银行微观数据的实证研究［J］. 金融研究，2017（6）：81-94.

[32] 韩心灵，韩保江. 供给侧结构性改革下系统性金融风险：生成逻辑、风险测度与防控对策 [J]. 财经科学，2017 (6)：1-13.

[33] 黄聪，贾彦东. 金融网络视角下的宏观审慎管理——基于银行间支付结算数据的实证分析 [J]. 金融研究，2010 (4)：1-14.

[34] 黄峰，杨朝军. 流动性风险与股票定价：来自我国股市的经验证据 [J]. 管理世界，2007 (5)：30-48.

[35] 黄小军，陆晓明，吴晓晖. 对美国次贷危机的深层思考 [J]. 国际金融研究，2008 (5)：14-21.

[36] 贾彦东. 金融机构的系统重要性分析——金融网络中的系统风险衡量与成本分担 [J]. 金融研究，2011 (10)：17-33.

[37] 江涛. 基于 GARCH 与半参数法 VaR 模型的证券市场风险的度量和分析：来自中国上海股票市场的经验证据 [J]. 金融研究，2010 (6)：103-111.

[38] 蒋涛，吴卫星，王天一，沈涛. 金融业系统性风险度量——基于尾部依赖视角 [J]. 系统工程理论与实践，2014 (6)：40-47.

[39] 荆中博，杨海珍，杨晓光.中国银行业系统性风险的涵义、度量及影响因素——基于 1996~2014 年的数据 [J]. 南方金融，2016 (2)：39-46.

[40] 雷良海，魏遥. 美国次贷危机的传导机制 [J]. 世界经济研究，2009 (1)：24-31.

[41] 黎来芳，牛尊. 互联网金融风险分析及监管建议 [J]. 宏观经济管理，2017 (1)：52-54.

[42] 李成，李玉良，王婷. 宏观审慎监管视角的金融监管目标实现程度的实证分析 [J]. 国际金融研究，2013 (1)：38-51.

[43] 李继尊. 关于互联网金融的思考 [J]. 管理世界，2015（7）：1-7.

[44] 李文泓. 关于宏观审慎监管框架下逆周期政策的探讨 [J]. 金融研究，2009（7）：7-24.

[45] 李学龙，龚海刚. 大数据系统综述 [J]. 中国科学：信息科学，2015（1）：1-44.

[46] 李妍. 宏观审慎监管与金融稳定 [J]. 金融研究，2009（8）：52-60.

[47] 李扬. 完善金融的资源配置功能——十八届三中全会中的金融改革议题 [J]. 经济研究，2014（1）.

[48] 李志辉，李源，李政. 中国银行业系统性风险监测研究——基于 SCCA 技术的实现与优化 [J]. 金融研究，2016（3）：92-106.

[49] 梁琪，李政. 系统重要性、审慎工具与我国银行业监管 [J]. 金融研究，2014（8）：32-46.

[50] 梁琪，李政，郝项超. 我国系统重要性金融机构的识别与监管——基于系统性风险指数 SRISK 方法的分析 [J]. 金融研究，2013（9）：56-70.

[51] 梁斯，郭红玉. 宏观经济压力对系统性金融风险的冲击研究 [J]. 南京社会科学，2017（6）：46-75.

[52] 刘程，佟家栋. 欧洲主权债务与金融系统危机 [J]. 欧洲研究，2011（6）：1-26.

[53] 刘春航，朱元倩. 银行系统性风险度量框架的研究 [J]. 金融研究，2011（12）：85-99.

[54] 刘峰，叶强，李一军. 媒体关注与投资者关注对股票收益的交互作用：基于中国金融股的实证研究 [J]. 管理科学学报，2014（1）：72-85.

［55］刘刚，何永. 资本账户开放、金融杠杆率与系统性金融危机［J］. 上海金融，2015（7）：12–19.

［56］刘红忠，赵玉洁，周冬华. 公允价值会计能否放大银行系统的系统性风险［J］. 金融研究，2011（4）：82–99.

［57］刘少波，黄文青. 我国地方政府隐性债务状况研究［J］. 财政研究，2008（9）：64–68.

［58］刘晓星，方琳. 系统性风险与宏观经济稳定：影响机制及其实证检验［J］. 北京工商大学学报（社会科学版），2014（5）：65–77.

［59］刘志洋. 商业银行流动性风险的同业间影响与金融体系稳定［J］. 中央财经大学学报，2017（8）：37–46.

［60］刘志洋，宋玉颖. 商业银行流动性风险与系统性风险贡献度［J］. 南开经济研究，2015（1）：131–143.

［61］罗登跃，王春峰，房振明，韩冬. 基于时间序列的上海股市系统风险、流动性风险溢价实证研究［J］. 系统工程，2005（7）：48–54.

［62］马建堂，董小君等. 中国的杠杆率与系统性金融风险防范［J］. 财贸经济，2016（1）：5–21.

［63］马君潞，范小云，曹元涛. 中国银行间市场双边传染的风险估测及其系统性特征分析［J］. 经济研究，2007（1）：68–78.

［64］马勇，陈雨露. 金融杠杆、杠杆波动与经济增长［J］. 经济研究，2017（6）：31–45.

［65］马勇，田拓等. 金融杠杆、经济增长与金融稳定［J］. 金融研究，2016（6）：37–51.

［66］茆训诚，王周伟. 系统性信用风险的网络传染联动效应研究［J］. 北京理工大学学报（社会科学版），2014（4）：57–63.

[67] 欧阳红兵，刘晓东. 中国金融机构的系统重要性及系统性风险传染机制分析——基于复杂网络的视角 [J]. 中国管理科学，2015 (10)：30-37.

[68] 欧阳谦. 次贷危机与系统性风险——对金融市场网络效应的分析 [J]. 中国金融，2010 (5)：34-36.

[69] 彭建刚，童磊. 基于房价波动的我国银行业系统性风险防范研究 [J]. 求索，2013 (5)：5-8.

[70] 彭建刚，邹克，蒋达. 混业经营对金融业系统性风险的影响与我国银行业经营模式改革 [J]. 中国管理科学，2014 (11)：272-280.

[71] 彭兴韵，吴洁. 从次贷危机到全球金融危机的演变与扩散 [J]. 经济学动态，2009 (2)：52-60.

[72] 邱立成，殷书炉. 外资进入、制度变迁与银行危机——基于中东欧转型国家的研究 [J]. 金融研究，2011 (12).

[73] 邱兆祥，粟勤. 美国次贷危机初始原因的剖析及启示 [J]. 经济学动态，2008 (8)：123-127.

[74] 盛夏. 美国量化宽松货币政策对中国宏观金融风险的冲击 [J]. 管理世界，2013 (4)：174-175.

[75] 宋逢明，谭慧. VaR 模型中流动性风险的度量 [J]. 数量经济技术经济研究，2004 (6)：114-123.

[76] 苏明政，张庆君. 关联性视阈下我国金融行业间系统性风险传染效应研究[J]. 会计与经济研究，2015 (6)：111-124.

[77] 苏明政，张庆君，赵进文.我国上市商业银行系统重要性评估与影响因素研究——基于预期损失分解视角 [J]. 南开经济研究，2013 (6)：110-122.

[78] 隋聪，迟国泰，王宗尧. 网络结构与银行系统性风险 [J]. 管理科学学报，2014 (4)：57-70.

［79］隋聪，谭照林，王宗尧. 基于网络视角的银行业系统性风险度量方法［J］. 中国管理科学，2016（5）：54-64.

［80］孙小琰，沈悦，罗璐琦. 基于 KMV 模型的我国上市公司价值评估实证研究［J］. 管理工程学报，2008（1）：102-108.

［81］谭洪涛，蔡利，蔡春. 金融稳定监管视角下的系统性风险研究述评［J］. 经济学动态，2011（10）：137-142.

［82］唐文进，苏帆. 极端金融事件对系统性风险的影响分析——以中国银行部门为例［J］. 经济研究，2017（4）：17-33.

［83］陶玲，朱迎. 系统性金融风险的监测和度量——基于中国金融系统的研究［J］. 金融研究，2016（6）：18-36.

［84］童牧，何奕. 复杂金融网络中的系统性风险与流动性救助——基于中国大额支付系统的研究［J］. 金融研究，2012（9）：20-33.

［85］童盼，陆正飞. 负债融资、负债来源与企业投资行为——来自中国上市公司的经验证据［J］. 经济研究，2005（5）：75-84.

［86］王道平. 利率市场化、存款保险制度与系统性银行危机防范［J］. 金融研究，2016（1）：50-65.

［87］王道平，杨骏. 利率市场化、存款保险制度与银行风险［J］. 南开学报（哲学社会科学版），2014（6）.

［88］王刚，黄丽华，张成洪，夏洁. 数据挖掘分类算法研究综述［J］. 科技导报，2006（12）：73-76.

［89］王国光. 实施存款保险制度不宜操之过急［J］. 国际金融研究，2007（7）.

［90］王辉，李硕. 基于内部视角的中国房地产业与银行业系统性风险传染测度研究［J］. 国际金融研究，2015（9）：76-85.

［91］王锦阳，刘锡良. 影子银行体系：信用创造机制、内

在不稳定性与宏观审慎监管［J］. 当代经济科学，2017（4）：11-18.

［92］王力伟. 宏观审慎监管研究的最新进展：从理论基础到政策工具［J］. 国际金融研究，2010（11）：62-72.

［93］王明亮，何建敏，李守伟，刘婷. 基于拆借偏好的银行系统性风险测度研究［J］. 中国管理科学，2013（11）：237-243.

［94］王擎，白雪，牛锋. 我国商业银行的系统性风险测度及影响因素研究——基于 CCA-POT-Copula 方法的分析［J］. 当代经济科学，2016（2）：1-9.

［95］王擎，田娇. 银行资本监管与系统性金融风险传递——基于 DSGE 模型的分析［J］. 中国社会科学，2016（3）：99-122.

［96］王晓枫，廖凯亮，徐金池. 复杂网络视角下银行同业间市场风险传染效应研究［J］. 经济学动态，2015（3）：71-81.

［97］王永钦，高鑫，袁志刚，杜巨澜. 金融发展、资产泡沫与实体经济：一个文献综述［J］. 金融研究，2016（5）：191-206.

［98］王兆星. 国际银行监管改革对我国银行业的影响［J］. 国际金融研究，2010（3）：4-10.

［99］王喆，张明，刘士达. 从“通道”到“同业”——中国影子银行体系的演进历程、潜在风险与发展方向［J］. 国际经济评论，2017（4）：128-148.

［100］王志成，徐权，赵文发. 对中国金融监管体制改革的几点思考［J］. 国际金融研究，2016（7）.

［101］文凤华，杨鑫，龚旭，黄创霞，杨晓光. 金融危机背景下中美投资者情绪的传染性分析［J］. 系统工程理论与实践，2015（3）：623-629.

［102］文凤华，张阿兰，戴志锋，杨晓光. 房地产价格波动与金融脆弱性——基于中国的实证研究［J］. 中国管理科学，2012（4）：1-10.

［103］吴恒煜，胡锡亮，吕江林. 我国银行业系统性风险研究——基于拓展的未定权益法［J］. 国际金融研究，2013（7）：25-32.

［104］吴念鲁，徐丽丽. 我国银行同业之间流动性风险传染研究——基于复杂网络理论分析视角［J］. 国际金融研究，2017（7）：34-43.

［105］吴卫星，邵旭方，吴锟. 中国商业银行流动性风险传染特征分析——基于商业银行同业负债的时间序列数据［J］. 国际商务，2015（4）：81-92.

［106］吴卫星，张琳琬，颜建晔.金融系统风险的成因、传导机制和度量：一个综述［J］. 国际商务（对外经济贸易大学学报），2014（1）：34-42.

［107］肖崎. 金融体系的变革与系统性风险的累积［J］. 国际金融研究，2010（8）：53-58.

［108］谢远涛，蒋涛，杨娟. 基于尾部依赖的保险业系统性风险度量［J］. 系统工程理论与实践，2014（8）：1921-1931.

［109］鄢俊华，罗春蓉，刘轶. 基于边际效应的银行个体系统性风险贡献测度研究［J］. 南方金融，2014（12）：11-16.

［110］杨宏林，陈收. 资产波动多标度自相似性和层次结构特征［J］. 中国管理科学，2009（1）：7-16.

［111］杨小静，张英杰. 去杠杆、市场环境与国企债务化解［J］. 改革，2017（4）：137-149.

［112］姚东旻，颜建晔，尹烨昇. 存款保险制度还是央行直接救市？——一个动态博弈的视角［J］. 经济研究，2013（10）.

[113] 姚志勇，夏凡. 最优存款保险设计——国际经验与理论分析 [J]. 金融研究，2012 (7).

[114] 叶五一，缪柏其. 应用复合极值理论估计动态流动性调整 VaR [J]. 中国管理科学，2008 (6)：44-49.

[115] 尹志超，吴雨，林富美. 市场化进程与商业银行风险 [J]. 金融研究，2008 (1).

[116] 余永定. 美国次贷危机：背景、原因与发展 [J]. 当代亚太，2008 (5)：65-73.

[117] 张健华，贾彦东. 宏观审慎政策的理论与实践进展 [J]. 金融研究，2012 (1)：20-35.

[118] 张明，付立春. 次贷危机的扩散传导机制研究 [J]. 世界经济，2009 (8)：14-28.

[119] 张明，郑英，敬云川. 欧债危机的现状评估、政策选择与演进前景 [J]. 经济社会体制比较，2012 (3)：24-38.

[120] 张平. 我国影子银行风险助推了地方政府债务风险吗？——风险的传导机制及溢出效应 [J]. 中央财经大学学报，2017 (4)：3-13.

[121] 张晓朴. 系统性金融风险研究：演进、成因与监管 [J]. 国际金融研究，2010 (7)：58-67.

[122] 章晟，李士岩. 基于关联性角度的系统性风险度量模型研究综述 [J]. 武汉金融，2016 (2)：27-31.

[123] 赵进文，韦文彬. 基于 MES 测度我国银行业系统性风险 [J]. 金融监管研究，2012 (8)：28-40.

[124] 赵进文，张胜保，韦文彬. 系统性金融风险度量方法的比较与应用 [J]. 统计研究，2013 (10)：46-53.

[125] 赵静，王宇哲，张明，郑联盛. 开放经济体面临的三类系统性风险 [J]. 公共管理评论，2014 (1)：109-122.

[126] 赵胜民，方意，王道平. 金融信贷是否是中国房地产、股票价格泡沫和波动的原因 [J]. 金融研究，2011 (12)：62-76.

[127] 赵武，王定成，曾勇. 基于 VaR 风险约束下保险公司的最优混合投资策略 [J]. 统计与决策，2011 (12)：57-60.

[128] 郑振龙，王为宁，刘杨树. 平均相关系数与系统性风险：来自中国市场的证据 [J]. 经济学 (季刊)，2014 (2)：1047-1064.

[129] 中国人民银行货币政策分析小组.中国货币政策执行报告：二〇一〇年第三季度 [R]，http：//www.pbc.gov.cn/publish/zhengcehuobisi/3078/index.html，2010.

[130] 中国人民银行济南分行课题组. 我国互联网金融监管的法律规制研究 [J]. 金融发展研究，2014 (10)：45-50.

[131] 中国人民银行金融稳定分析小组. 中国金融稳定报告 [M]. 北京：中国金融出版社，2013.

[132] 周茂华. 欧债危机的现状、根源、演变趋势及其对发展中国家的影响 [J]. 经济学动态，2014 (3)：138-153.

[133] 周天芸，周开国，黄亮. 机构集聚、风险传染与香港银行的系统性风险 [J]. 国际金融研究，2012 (4)：77-87.

[134] 周小川. 金融政策对金融危机的响应——宏观审慎政策框架的形成背景、内在逻辑和主要内容 [J]. 金融研究，2011 (1)：1-14.

[135] 周小川. 全面深化金融业改革开放、加快完善金融市场体系 [J]. 理论导刊，2013 (12).

[136] 朱元倩，苗雨峰. 关于系统性风险度量和预警的模型综述 [J]. 国际金融研究，2012 (1)：79-88.

[137] Abdul Abiad, Enrica Detragiache, Thierry Tressel. A

New Database of Financial Reforms [R]. IMF Working Paper, No. WP/08/266, 2008.

[138] V. Acharya, L. Pedersen, T. Philippon, M. Richard-son. Measuring Systemic Risk [R]. NYU Working Paper, 2010.

[139] Viral V. Acharya. A Theory of Systemic Risk and Design of Prudential Bank Regulation [J]. Journal of Financial Stability, 2009 (5): 224-255.

[140] Viral V.. Acharya Douglas Gale and Tanju Yorulmazer [R]. Rollover Risk and Market Freezes. NBER. Working Paper, No. 15674, NBER, 2010a.

[141] Viral V. Acharya, Lasse H. Pedersen, Thomas Philip-pon, Matthew Richardson. Measuring Systemic Risk [R]. NYU Working Paper, 2010b.

[142] T. Adrian, H. S. Shin.Liquidity and Leverage [J]. Jour-nal of Financial Intermediation, 2010, 19 (3): 418-437.

[143] Tobias Adrian, Markus Brunnermeier. CoVaR [R]. Federal Reserve Bank of New York Working Paper, 2009.

[144] David Aikman, Piergiorgio Alessandri, Bruno Eklund, Prasanna Gai, Sujit Kapadia, Elizabeth Martin, Nada Mora, Gabriel Sterne and Matthew Willison. Funding Liquidity Risk in a Quantitative Model of Systemic Stability [R]. Working Paper No. 372, Bank of England, 2009.

[145] F. Allen, E. Carletti. Credit Risk Transfer and Conta-gion [J]. Journal of Monetary Economics, 2006 (53): 89-111.

[146] F. Allen, Ana Babus, Elena Carletti. Financial Connec-tions and Systemic Risk [R]. Working Paper, No. 16177, NBER, 2010.

[147] F. Allen, D. Gale. Financial Contagion [J]. Journal of Political Economy, 2000, 108 (1): 1-33.

[148] Henrik Andersen. Procyclical Implications of Basel Ⅱ: Can the Cyclicality of Capital Requirements be Contained[J]. Journal of Financial Stability, 2011 (7): 138-154.

[149] Deniz Anginer, Asli Demirguc-Kunt, Min Zhu, How does Deposit Insurance Affect Bank Risk? Evidence from the Recent Crisis [J]. Journal of Banking & Finance, 2014 (11): 312-321.

[150] C. Arteta, Eichengreen, B. Banking Crises in Emerging Markets: Presumptions and Evidence [M]. In M. Blejer and Skreb, M. (eds), Financial Policies in Emerging Markets, Cambridge, MA, MIT Press, 2002.

[151] Bergljot B. Barkbu, Li Lian Ong. FX Swaps Implications for Financial and Economic Stability [R]. IMF Working Paper, No. WP/10/55, 2010.

[152] James R. Barth, Gerard Caprio, J. R., Ross Levine. Reassessing the Rationale and Practice of Bank Regulation and Supervision After Basel Ⅱ [J]. Current Developments in Monetary and Financial Law, 2008 (5): 225-250.

[153] Basel Committee on Banking Supervision. Strengthening the Resilience of the Banking Sector: Consultative Document [EB/OL]. http://www.bis.org/publ/bcbs164.pdf, 2009.

[154] Basel Committee on Banking Supervision. Basel Ⅲ: A Global Regulatory Framework for more Resilient Banks and Banking Systems [EB/OL]. http://www.bis.org/publ/bcbs189.pdf, 2010.

[155] Basel Committee on Banking Supervision. Basel Ⅱ: International Convergence of Capital Measurement and Capital Stan-

dards: A Revised Framework [EB/OL], http: //www.bis.org/publ/bcbs107.pdf, 2004.

[156] Basel Committee on Banking Supervision. Basel Ⅱ: International Convergence of Capital Measurement and Capital Standards: A Revised Framework Comprehensive Version [EB/OL]. http: //www.bis.org/publ/bcbs128.pdf, 2006.

[157] Basel Committee on Banking Supervision. Basel Ⅲ: A Global Regulatory Framework for more Resilient Banks and Banking Systems [EB/OL]. http: //www.bis.org/publ/bcbs189.pdf, 2010a.

[158] Basel Committee on Banking Supervision. Basel Ⅲ: International Framework for Liquidity Risk Measurement, Standards and Monitoring [EB/OL]. http: //www.bis.org/publ/bcbs188.pdf, 2010b.

[159] Basel Committee on Banking Supervision. Guidance for National Authorities Operating the Countercyclical Capital Buffer [EB/OL]. http: //www.bis.org/publ/bcbs187.pdf, 2010c.

[160] Basel Committee on Banking Supervision. Strengthening the Resilience of the Banking Sector: Consultative Document [EB/OL]. http: //www.bis.org/publ/bcbs164.pdf, 2009.

[161] Basel Committee on Banking Supervision. The Basel Committee's Response to the Financial Crisis Report to the G20 [EB/OL]. http: //www.bis.org/publ/bcbs179.pdf, 2010d.

[162] Thorsten Beck, Asli Demirgüç-Kunt, Ross Levine. Bank Concentration, Competition, and Crises First Results [J]. Journal of Banking & Finance, 2006 (30): 1581-1603.

[163] Thorsten Beck, Asli Demirgüç-Kunt, Vojislav Maksimovic. Bank Competition and Access to Finance: International Evidence [J]. Journal of Money, Credit, and Banking. 2004, 36 (3):

627–648.

[164] Bekaert, Geert; Harvey, Campbell, Lundblad, Christian. Growth Volatility and Financial Liberalization [J]. Journal of International Money and Finance, 2005 (24): 370–403.

[165] Chairman Ben S. Bernanke. Financial Regulation and Supervision after the Crisis: The Role of the Federal Reserve. At the Federal Reserve Bank of Boston 54th Economic Conference, Chatham, Massachusetts [EB/OL], http://www.federalreserve.gov/newsevents/speech/bernanke20091023a.htm.

[166] D.A. Bessler, Yang, J.The Structure of Interdependence in International Stock Markets[J]. Journal of International Money and Finance, 2003, 22 (2): 261–287.

[167] M. Billio, M. Getmansky, A. W. Lo, L. Pelizzon. Econometric Measures of Systemic Risk in the Finance and Insurance Sectors [R]. NBER Working Paper 16223, 2010.

[168] M. Blavarg, Nimander, P. Interbank Exposures and Systemic Risk [J]. Sveriges Riksbank Economic Review, 2002 (2): 19–45.

[169] U. Blien, F. Graef. Entropieoptimi Erungsverfahren in der Empirischen Wirtschaftsforschung (Entropy Optimization in Empirical Economic Research) [J]. Jahrbuch für Nationalokonomie und Statistik, 1991, 208 (4): 399–413.

[170] Jurg M. Blum. Why "Basel Ⅱ" May Need a Leverage Ratio Restriction [J]. Journal of Banking & Finance 2008 (32): 1699–1707.

[171] C. Borio, M. Drehman. Towards an Operational Framework for Financial Stability: "Fuzzy" Measurement and Its Conse–

quences [R]. BIS Working Papers, No. 284, 2009.

[172] Claudio Borio. Towards a Macroprudential Framework for Financial Supervision and Regulation?[R]. BIS Working Papers, No. 128, 2003.

[173] Claudio Borio. Implementing a Macroprudential Frame-work: Blending Boldness and Realism [EB/OL]. BIS, http://www.bis.org/repofficepubl/hkimr201007.12c.pdf, 2003.

[174] Claudio Borio, Mathias Drehmann. Towards an Opera-tional Framework for Financial Stability [R]. Central Bank of Chile Working Papers, No. 544, 2009.

[175] Claudio Borio, Craig Furfine Philip Lowe. Procyclicality of the Financial System and Financial Stability: Issues and Policy Options [R]. BIS Papers No.1, 2001.

[176] J.H. Boyd, De Nicolo, G., Smith, B.D. Crises in Competitive Versus Monopolistic Banking Systems [R]. IMF Work-ing paper, WP/03/188, 2003.

[177] Christian Brownlees, Robert Engle. Volatility, Correla-tion and Tails for Systemic Risk Measurement [R]. Working Paper, NYU-Stern, 2010.

[178] Markus K. Brunnermeier. Deciphering the Liquidity and Credit Crunch 2007-2008 [J]. Journal of Economic Perspectives, 2009, 23 (1): 77-100.

[179] Markus K. Brunnermeier, Lasse Heje Pedersen. Market Liquidity and Funding Liquidity [J]. Review of Financial Studies, 2009, 22 (6): 2201-2238.

[180] W. Buiter. Regulating the New Financial Sector. FT/maverecon Blog, Available at [EB/OL]. http://blogs.ft.com/mavere-

con/2009/02/regulating–the–new–financial–sector，2009.

[181] Charles W. Calomiris. Building an Incentive–compatible Safety Net [J]. Journal of Banking & Finance，1999，23：1499–1519.

[182] G. Caprio，Honohan P. Banking crises [M]. In "The Oxford Handbook of Banking"，A. N. Berger，P. Molyneux，JOS Wilson（eds），Oxford，UK：Oxford University Press，2010，26：673–692.

[183] G. Summers，L. Caprio. Finance and Its Reform：Beyond Laissez–faire [R]. Policy Research Working Paper No. 1171，the World Bank，Washington，DC. Stiglitz，J.E.（1994），"The Role of State in Financial Markets"，in Bruno，M. and Pleskovic，B.（eds），Proceedings of the World Bank Annual Conference on Development Economics，Washington DC，World Bank.

[184] Caprio，Gerald，Jr.，Daniela Klingebiel. Bank Insolvency：Bad Luck，Bad Policy，or Bad Banking [R]. Presented at the Annual World Bank Conference on Development Economics，1996.

[185] Carlos. Castro. Uncertainty in Asset Correlation for Portfolio Credit Risk：The Shortcomings of the Basel Ⅱ framework [EB/OL]. http：//www.greta.it/credit/credit2009/Friday/09_Castro.pdf，2009.

[186] Y. Censor，S.A. Zenios. Parallel Optimization [M]. Oxford：Oxford University Press，1997.

[187] J.A. Chan–Lau，A. Jobert，J. Kong. An Option–Based Approach to Bank Vulnerabilities in Emerging Markets [R]. IMF Working Paper No.WP/04/33，2004.

[188] Jorge A. Chan–Lau. Regulatory Capital Charges for Too–

Connected –to –Fail Institutions: A Practical Proposal [R]. IMF Working Paper, No. WP/10/98, 2010.

[189] Jorge A. Chan–Lau, Amadou Sy. Distance–to–Default in Banking: A Bridge to Far[J]. Journal of Banking Regulation, 2007 (9): 14–24.

[190] Hongyi Chen, Lars Jonung, Olaf Unteroberdoerster. Lessons for China from Financial Liberalization in Scandinavia [R]. HKIMR Working Paper, No.26, 2009.

[191] Hua Chen, J. Cummins, S. Viswanathan, A. Weiss. Systemic Risk and the Inter–Connectedness between Banks and Insurers: An Econometric Analysis [R]. http: //www.fox.temple.edu/dept/rihm/...conf/.../Systemic_Risk_0131_2012.pdf, 2012.

[192] Martin Čihák, Asli Demirgüç –Kunt, María Soledad Martínez Pería, Amin Mohseni –Cheraghlou. Bank Regulation and Supervision Around the World: A Crisis Update [R]. World Bank Policy Research Working Paper, No. WPS6286, 2012.

[193] Thomas F. Cooley, Mark Dwyer. Business Cycle Analysis Without much Theory A Look at Structural VARs [J]. Journal of Econometrics, 1998, 83 (1–2): 57–88.

[194] Andrew. Crockett. Marrying the Micro–and Macro–prudential Dimensions of Financial Stability [J]. BIS Review, 2000, 76.

[195] A. Dasgupta. Financial Contagion through Capital Connections: A Model of the Origin and Spread of Bank Panics [J]. Journal of the European Economic Association, 2004 (6): 1049–1084.

[196] E. P. Davis and D. Karim. Comparing Early Warning Systems for Banking Crises [J]. Journal of Financial Stability, 2008,

4（2）：89–120.

[197] Olivier de Jonge. Back to the Basics in Banking? A Micro–Analysis of Banking System Stability [J]. Journal of Financial Intermediation, 2010, 19（3）：387–417.

[198] G. De Nicolo, Kwast, M. Systemic Risk and Financial Consolidation: Are they Related? [J]. Journal of Banking & Finance, 2002, 26：861–880.

[199] C. De Vries. The Simple Economics of Bank Fragility [J]. Journal of Banking and Finance, 2005, 29：803–825.

[200] H. Degryse, G. Nguyen. Interbank Exposures: An Empirical Examination of Systemic Risk in the Belgian Banking System [J]. International Journal of Central Banking, 2007（3）：123–171.

[201] M. D. Delis, G. Kouretas. Interest Rates and Bank Risk Taking [J]. Journal of Banking & Finance, 2011, 35（4）：840–855.

[202] Dell'Ariccia, G. D. Igan, L. Laeven. Credit Booms and Lending Standards: Evidence from the Subprime Mortgage Market [R]. IMF Working Papers, No. WP/08/106, 2008.

[203] A. Demirgüç–Kunt, E. Kane, L. Laeven. eds. Deposit Insurance around the World: Issues of Design and Implementation [M]. Cambridge, MA: MIT Press, 2008.

[204] A. Demirgüç–Kunt, H. Huizinga. Market Discipline and Deposit Insurance [J]. Journal of Monetary Economics, 2004, 51（2）：375–399.

[205] Asli. Demirgüç–Kunt, Enrica Detragiache. The Determinants of Banking Crises: Evidence from Developing and Developed Countries [R]. IMF Staff Papers, 1998, 45（1）：81–109.

[206] Asli. Demirgüç -Kunt, Enrica Detragiache. Financial Liberalization and Financial Fragility [R]. in Pleskovic B. and J. Stiglitz eds., Proceedings of the World Bank Annual Conference on Development Economics, 1999.

[207] Asli. Demirgüç-Kunt, Enrica Detragiache. Does Deposit Insurance Increase Banking System Stability? An Empirical Investigation [J]. Journal of Monetary Economics, 2002, 49: 1373-1406.

[208] Asli. Demirgüç-Kunt, Enrica Detragiache. Cross-Country Empirical Studies of Systemic Bank Distress: A Survey [J]. World Bank Policy Research Working Paper, No. 3719, 2005.

[209] Asli. Demirgüç-Kunt, Baybars Karacaovali, Luc Laeven. Deposit Insurance around the World: A Comprehensive Database [R]. World Bank Policy Research Working Paper 3628, 2005.

[210] Asli. Demirgüç -Kunt, Edward J. Kane, Luc Laeven. Determinants of Deposit-insurance Adoption and Design [J]. Journal of Financial Intermediation, 2008, 17 (3): 407-438.

[211] M. Dewatripont, Tirole, J. Efficient Governance Structure: Implications for Banking Regulation [R]. In: Mayer, C., Vives, X. (Eds.), "Capital Markets and Financial Intermediation", Cambridge UP, Cambridge, 1993.

[212] D. Diamond, P. Dybvig. Bank Runs, Deposit Insurance, and Liquidity [J]. Journal of Political Economy, 1983, 91: 401-419.

[213] Douglas Diamond and Raghuram G. Rajan. Fear of Fire Sales and the Credit Freeze [R]. Working Papers, No. 305, BIS, 2010.

[214] B. Drees, C. Pazarbasioglu. The Nordic Banking Crisis:

Pitfalls in Financial Liberalization [R]. Int. Monet. Fund Occas. Pap. 161, 1998.

[215] M. Drehmann, N. Tarashev. Systemic Importance: Some Simple Indicators [J]. BIS Quarterly Review, March, 2011a.

[216] M. Drehmann, N. Tarashev. Measuring the Systemic Importance of Interconnected Banks [R]. BIS Working Papers, No. 342, 2011b.

[217] M. Drehmann. Macroeconomic Stress Testing Banks: A Survey of Methodologies [M]. In Stress Testing the Banking System: Methodologies and Applications, ed. M Quagliariello, Cambridge, Cambridge University Press, 2009.

[218] Mathias. Drehmann, Nikola A. Tarashev. Systemic Importance: Some Simple Indicators [J]. BIS Quarterly Review, 2011.

[219] Darrell. Duffie, Andreas Eckner, Guillaume Horel, Leandro Saita. Frailty Correlated Default [J]. Journal of Finance, 2009, 64 (5): 2089-2123.

[220] Philip H. Dybvig. Remarks on Banking and Deposit Insurance [J]. Federal Reserve Bank of St. Louis Review, 1993, 75 (1): 22-24.

[221] H. Elsinger, A. Lehar, M. Summer. Using Market Information for Banking System Risk Assessment [J]. International Journal of Central Banking, 1996 (2): 137-165.

[222] Feyzioğlu, Tarhan Nathan Porter, Előd Takáts. Interest Rate Liberalization in China [R]. IMF Working Paper, No. WP/09/171, 2009.

[223] Financial Stability Board. Intensity and Effectiveness of SIFI Supervision Recommendations for Enhanced Supervision [R].

http: //www.financialstabilityboard.org/publications/r_101101.pdf, 2009.

[224] F. Fornari, W. Lemke. A Simple Model for Predicting Economic Activity in Main Economic Areas [R]. Mimeo, ECB, 2009.

[225] X. Freixas, B. Parigi, J.C. Rochet. Systemic Risk, In-terbank Relations and Liquidity Provision by the Central Bank [J]. Journal of Money, Credit and Banking, 2000, 32: 611-638.

[226] X. Freixas, J.C. Rochet. Microeconomics of Banking [M]. MIT Press, Cambridge, MA, 1997.

[227] C.H. Furfine. Interbank Exposures: Quantifying the Risk of Contagion [J]. Journal of Money, Credit and Banking, 2003, 35 (1): 111-128.

[228] Gabriele. Galati, Richhild Moessner. Macroprudential Policy-a Literature Review [R]. BIS Working Papers, No. 337, 2011.

[229] M. T. Gapen, D.F. Gray, C.H. Lim, Y. Xiao. The Contingent Claims Approach to Corporate Vulnerability Analysis: Estimating Default Risk and Economy-Wide Risk Transfer [R]. IMF Working Paper, No.WP/04/121, 2004.

[230] C. Gauthier, A. Lehar, M. Souissi. Macroprudential Capital Require-ments and Systemic Risk [R]. Bank of Canada Working Paper, 2010.

[231] D. B. Gerdesmeier, Roffia, H-E Reimers. Monetary Developments and Asset Prices [R]. ECB Working Paper, No. 1068, 2010.

[232] D. Gray, A. Jobst. Systemic CCA-A Model Approach to

Systemic Risk [R]. Working Paper, International Monetary Fund, 2010.

[233] Dale F. Gray, S. Malone. Macrofinancial Risk Analysis [J]. 2008.

[234] Reint. Gropp, Jukka Vesala. Deposit Insurance and Moral Hazard: Does the Counterfactual Matter? [R]. European Central Bank Working Paper, No.47, 2001.

[235] Damodar N. Gujarati. Basic Econometrics (4th Edit ion) [M]. New York: McGraw-Hill, 2004.

[236] Hervé Hannoun. The Basel Ⅲ Capital Framework a Decisive Breakthrough [Z]. Bank for International Settlements, Management Speeches, sp101125a, 2010.

[237] P.S. Hartmann, C. de Vries. Straetmans. Banking System Stability: A Cross-Atlantic Perspective [R]. NBER Working Paper, No.11698, 2005.

[238] Frank Heid. The Cyclical Effects of the Basel Ⅱ Capital Requirements [J]. Journal of Banking & Finance, 2007 (31): 3885-3900.

[239] Thomas Hellman, Murdock, Kevin, Stiglitz, Joseph E. Liberalization, Moral Hazard in Banking and Prudential Regulation: Are Capital Controls Enough? [J]. American Economic Review, 2000, 90 (1): 147-165.

[240] Philipp M. Hildebrand. Is Basel Ⅱ Enough? The Benefits of a Leverage Ratio [J]. BIS Review, 158/2008, 2008.

[241] Thomas M. Hoenig. Leverage-the double-edged Sword [R]. BIS Review, No.100511, http://www.bis.org/review/r100511e.pdf, 2010.

[242] X. Huang, H. Zhou, H. Zhu. Assessing the Systemic Risk of a Heterogeneous Portfolio of Banks during the Recent Financial Crisis [R]. BIS Working Papers, No. 296, 2010.

[243] Xin Huang, Hao Zhou, Haibin Zhu. A Framework for Assessing the Systemic Risk of Major Financial Institutions [J]. Journal of Banking and Finance, 2009, 33 (11): 2036–2049.

[244] IMF. Financial Soundness Indicators: Compilation Guide [EB/OL]. http://www.imf.org, 2006.

[245] IMF. Financial Soundness Indicators (FSIs) and the IMF [EB/OL]. http://www.imf.org/external/np/sta/fsi/eng/fsi.htm, 2011.

[246] International Monetary Fund and the Bank for International Settlements, the Secretariat of the Financial Stability Board. Guidance to Assess the Systemic Importance of Financial Institutions, Markets and Instruments: Initial Considerations [EB/OL]. http://www.financialstabilityboard.org/publications/r_091107c.pdf, 2009a.

[247] International Monetary Fund and the Bank for International Settlements, the Secretariat of the Financial Stability Board. Guidance to Assess the Systemic Importance of Financial Institutions, Markets and Instruments: Initial Considerations–Background Paper [EB/OL]. http://www.imf.org/external/np/g20/pdf/100109a.pdf, 2009b.

[248] International Monetary Fund. Assessing the Systemic Implications of Financial Link–ages [J]. Global Financial Stability Review, 2009: 73–110.

[249] V. P. Ioannidou, M. F. Penas. Deposit Insurance and Bank Risk–taking: Evidence from Internal Loan Ratings [J]. Journal of Financial Intermediation, 2010, 19 (1): 95–115.

[250] S. Johansen. A Small Sample Correction for the Test of Cointegrating Rank in the Vector Autoregressive Model [J]. Econometrica, 2002, 70: 1929-1961.

[251] David. Jones. Emerging Problems with the Basel Capital Accord Regulatory Capital Arbitrage and Related Issues [J]. Journal of Banking & Finance, 2000 (24): 35-58.

[252] P. Jorion. Value at Risk [M]. McGraw-Hill, 3rd edn, 2006.

[253] Graciela Kaminsky. Reinhart, Carmen. The Twin Crises: The Causes of Banking and Balance-Of-Payments Problems [J]. American Economic Review, 1999, 89: 473-500.

[254] Edward J. Kane. The S&L Insurance Mess: How Did It Happen? [M]. Washington: Urban Institute Press, 1989.

[255] Michael C. Keeley. Deposit Insurance, Risk and Market Power in Banking [J]. American Economic Review, 1990, 80: 1183-1200.

[256] Michal Kozak, Meyer Aaron, Céline Gauthier. Using the Contingent Claims Approach to Assess Credit Risk in the Canadian Business Sector [J]. Financial System Review, Bank of Canada, 2006: 40-51.

[257] Luc Laeven, Ross Levine. Bank Governance, Regulation and Risk Taking[J]. Journal of Financial Economics, 2009, 93 (2): 259-275.

[258] Luc Laeven. Fabián Valencia. Systemic Banking Crises Database [R]. IMF Economic Review, 2013, 61 (2): 225-270.

[259] Alfred Lehar. Measuring Systemic Risk: A Risk Management Approach [J]. Journal of Banking & Finance, 2005, 29:

2577–2603.

[260] M.S. Martinez Peria, S. Schmukler. Do Depositors Punish Banks for Bad Behavior? Market Discipline, Deposit Insurance, and Banking Crises [J]. Journal of Finance, 2001, 56 (3), 1029–1051.

[261] Patrick McGuire. Nikola Tarashev. International Banking with the Euro [R]. BIS Quarterly Review, December, 2007.

[262] M. D. Misina Tessier. Non–Linearities, Model Uncertainty, and Macro Stress Testing [R]. Bank of Canada Working Papers, No. 8–30, 2008.

[263] Paolo Emilio Mistrulli. Assessing Financial Contagion in the Interbank Market: Maximum Entropy Versus Observed Interbank Lending Patterns [J]. Journal of Banking & Finance, 2011, 35 (5): 1114–1127.

[264] Mark Newman. Albert–Lάszlό Barabάsi, Duncan Watts eds. The Structure and Dynamics of Networks [M], Princeton and Oxford: Princeton University Press, 2006.

[265] Erlend Nier. Ursel Baumann. Market Discipline, Disclosure and Moral Hazard in Banking [J]. Journal of Financial Intermediation, 2006, 15 (3): 332–361.

[266] I. Noy. Financial Liberalization, Prudential Supervision, and the Onset of Banking Crises [J]. Emerging Markets Review, 2004 (5): 341–359.

[267] M.S. Peria, S. Schmukler. Do Depositors Punish Banks for Bad Behavior? Market Discipline, Deposit Insurance and Bank–ingcrises [J]. Journal of Finance, 2001, 56 (3), 1029–1051.

[268] J. C. Rochet. Why are there So Many Banking Crises?

The Politics and Policy of Bank Regulation [M]. Princeton, NJ: Princeton University Press, 2008.

[269] M. Segoviano, C. Goodhart. Banking Stability Measures [R]. IMF Working Paper, No. WP/09/04, 2009.

[270] Atul K. Shah. Regulatory Arbitrage Fhrough Financial Innovation[J]. Accounting, Auditing & Accountability Journal. 1997 (1): 85–104.

[271] G. Sheldon, Maurer, M. Interbank Lending and Systemic Risk: An Empirical Analysis for Switzerland [J]. Swiss Journal of Economics and Statistics, 1998, 134: 685–704.

[272] P. Spirtes, C. Glymour, R. Scheines. Causation, Prediction, and Search [M]. Cambridge, MA: MIT Press, 2000.

[273] J.E. Stiglitz. The role of State in Financial Markets [J]. in Bruno, M. and Pleskovic, B. (eds), Proceedings of the World Bank Annual Conference on Development Economics, Washington DC, World Bank, 1994.

[274] N. Tarashev, C. Borio, K. Tsatsaronis. The Systemic Importance of Financial Institutions [R]. BIS Quarterly Review, September, 2009: 75–87.

[275] Nikola Tarashev. Claudio Borio, Kostas Tsatsaronis. Attributing Systemic Risk to Individual Institutions [R]. BIS Working Papers, No. 308, 2011.

[276] Aaron Tornell, Frank Westermann, Lorenza Martinez. The Positive Link between Financial Liberalization, Growth and Crises [R]. NBER Working Paper, No.10293, 2004.

[277] Christian Upper Using Counterfactual Simulations to Assess the Danger of Contagion in Interbank Markets [R]. Bank for

International Settlements Working Paper, No. 234, 2007.

[278] Christian Upper. Simulation Methods to Assess the Danger of Contagion in Interbank Markets [J]. Journal of Financial Stability, forthcoming, 2011.

[279] Christian Upper, A. Worms. Estimating Bilateral Exposures in the German Interbank Maket: Is there a Danger of Contagion [J]. European Economic Review, 2004, 48: 827-849.

[280] Iman van Lelyveld, F. Liedorp. Interbank Contagion in the Dutch Banking Sector: A Sensitivity Analysis [J]. International Journal of Central Banking, 2006 (2): 99-133.

[281] M. Vassalou, Y. Xing. Default Risk in Equity Returns [J]. Journal of Finance, 2004, 59: 831-868.

[282] J. von Hagen, T-K Ho. Money Market Pressure and the Determinants of Banking Crises [J]. Journal of Money, Credit and Banking, 2007, 39 (5): 1037-1066.

[283] Goetz. von Peter. International Banking Centres: A Network Perspective [R]. BIS Quarterly Review, December, 2007.

[284] Stanley Wasserman. Katherine Faust. Social Network Analysis: Methods and Applications [M]. Cambridge: Cambridge University Press, 1994.

[285] Simon Wells. Financial Interlinkages in the United Kingdom's Interbank Market and the Risk of Contagion [R]. Bank of England Working Paper, No. 230, 2004.

[286] Mundlak Yair. On the Pooling of Time Series and Cross Section Data [J]. Econometrica, 1978, 46 (1): 69-85.

[287] Jian Yang, Guo Hui, Wang Zijun. International Transmission of Inflation among G-7 Countries: A Data-determined VAR

Analysis [J]. Journal of Banking & Finance, 2006, 30 (10): 2681-2700.

[288] Jian Yang, Zhou Yinggang. Credit Risk Spillovers a-mong Financial Institutions around the Global Credit Crisis: Firm-Level Evidence [EB/OL]. http://sm2.xmu.edu.cn/UploadFiles/2011627152840637.pdf, 2010.

[289] Chen Zhou. Are Banks Too Big to Fail? Measuring Sys-temic Importance of Financial Institutions [J]. International Journal of Central Banking, 2010, 6 (4): 205-250.

后　记

本书是国家社会科学基金重点项目“深化政策性金融改革研究”（14AZD032），中央高校双一流建设项目“开放金融系统性风险管理团队建设”（96176514）和“基于大数据的中国金融系统性风险管理”（96176619），中央专项跨学科创新团队项目“后危机时代的宏观金融风险测度理论、方法及应用研究”的阶段性研究成果，并得到了教育部人文社会科学重点研究基地重大项目“全球金融体系变革下的跨国公司投资”（14JJD 790030）、天津市社科规划项目“利率市场化背景下提高我国银行业竞争力与风险防范研究”（TJYY13-007）、南开大学百青团队“大数据下跨国金融风险管理”（63174029）、“天津市金融机构协同创新与风险防控”（BE026412）等项目的资助。

在本书即将付梓之际，真诚地感谢我的导师与合作者范小云教授，以及南开大学马君潞教授和刘澜飚教授三位恩师多年来在学术道路上的指引、教诲和鞭策，在生活上无微不至的关怀与帮助；感谢我的师弟兼合作者方意博士多年来在研究上的互助与共勉；感谢我的师兄张庆元副教授、何青副教授、王博副教授、李泽广副教授、邵新建副教授、首立晟副研究员、师妹段月姣助理研究员、师弟王伟博士、廉尔辉博士、陈雷博士等给予我的大量帮助；感谢经济管理出版社的宋娜编辑等各位同仁的辛勤工作；更要感谢我的家人在我学习和工作中给予的理解与支持。

王道平

2017 年 11 月于南开园